高校篮球教学理论与实践研究

王　翔◎著

吉林出版集团股份有限公司

图书在版编目（CIP）数据

高校篮球教学理论与实践研究/王翔著.— 长春：
吉林出版集团股份有限公司，2023.9
ISBN 978-7-5731-4309-9

Ⅰ.①高… Ⅱ.①王… Ⅲ.①篮球运动－教学研究－
高等学校 Ⅳ.①G841.2

中国国家版本馆CIP数据核字（2023）第181936号

高校篮球教学理论与实践研究

GAOXIAO LANQIU JIAOXUE LILUN YU SHIJIAN YANJIU

著　者	王　翔	
责任编辑	齐　琳	
封面设计	林　吉	
开　本	787mm×1092mm　　1/16	
字　数	220千	
印　张	14	
版　次	2023年9月第1版	
印　次	2024年1月第1次印刷	

出版发行　吉林出版集团股份有限公司

电　话　总编办：010-63109269

　　　　　发行部：010-63109269

印　刷　廊坊市广阳区九洲印刷厂

ISBN 978-7-5731-4309-9　　　　　　　　定价：78.00元

前　言

　　篮球是一项对抗激烈、对技战术水平要求较高的综合性运动项目，经常参加篮球运动不仅能增强自己的体质，还能满足自己的心理需求、丰富自己的业余文化生活。因此，篮球运动一直以来深受人们的欢迎和喜爱。而在高校中，同样也受到大学生的青睐，几乎所有的高校都开设了篮球课，学习篮球的学生也是非常之多，在大学校园篮球场上时时处处可见大学生参加篮球运动的身影。篮球运动不仅是世界上广泛开展的球类运动之一，也是高校体育教学的重要内容，对促进学生全面发展方面有极大的价值。

　　篮球教学作为体育教学的重要内容，在很多方面都发挥着不可忽视的作用：第一，篮球运动为学生提供了锻炼身体的机会，提升了学生的身体素质；第二，篮球运动是一项讲究团体协作的运动，能够培养学生的团队能力，同时培养学生的综合素质。篮球教学的益处明显，因此，很多学校都选择大力发展篮球运动，为那些喜爱篮球运动的学生提供科学的训练方法，在系统教学理论的支持下，在科学训练方法的辅助下，学生篮球运动实现了繁荣发展。

　　由于时间仓促以及作者水平有限，书中的诸多观点可能存在一些不当之处，恳请各位读者批评指正。

王翔

2023.3

目　录

第一章 篮球教学与训练基础理论

篮球运动是世界上最受欢迎的球类运动之一。大学生作为对体育运动比较热衷的群体之一，对篮球的追捧是其他任何群体都不能及的。近几年，篮球运动得到了快速的发展，在一定程度上也带动了高校篮球运动的进步，篮球运动是一项特别强调高技巧、高速度和高对抗的体育运动，如果大学生能够经常参加篮球运动，不仅能够提升自己的篮球技术和篮球战术技巧，而且对于增强自身的身体素质也有很大的帮助。因此，各大高校都将篮球教学纳入体育教学的范围中来。本章主要介绍篮球的教学方法、教学理念、训练步骤以及训练方法。

第一节 篮球教学基础理论

篮球教学是一个教育实践过程，篮球教学理论就是从篮球教学实践中总结、概括并上升为理论的科学体系。篮球运动的发展离不开理论的支撑，篮球运动理论体系的强大与否、篮球运动理论研究层次和水平的高低，直接关系到一个国家篮球运动整体的发展水平，这是已经被篮球运动发展所证明了的一条客观规律。

篮球运动教学理论是将一般的教学原则和相关科学的理论与方法融为一体，促使学生有效掌握篮球运动基本知识和技能的一种专项理论。

一、篮球教学的任务

体育教学的进行是为了完成既定的任务，对篮球教学来说也是如此。具体来说，篮球教学需要完成的任务主要有以下四个方面。

（一）增强学生身体素质

不管从事什么样的体育运动，良好的身体素质都是必要的基础。篮球运动要求学生必须具备跑、跳、投等运动技能，因此，通过篮球运动的教学，不仅能够促进学生身体正常发育，全面提高其身体素质，增强其体质，而且能对学生的身心发展产生积极的影响。另外，还需要强调的是，要想很好地学习和掌握篮球技术和战术，增强学生的运动能力，身体素质这一基础必须打好。

（二）培养学生篮球知识与技能

篮球教学的内容主要有三方面，即篮球理论、篮球技术和篮球战术。因此，篮球教学要使学生对篮球基础知识以及篮球技术和战术知识有所掌握，并且能够有效提高运动技能。其中，篮球理论知识是掌握技术和战术的依据，而篮球技术则是篮球战术的基础。篮球教学三方面内容之间相互作用、相互统一，它们是一个不可分割的整体。

（三）激发学生创新意识和创造能力

学生的创新意识和创造能力是篮球教学过程中非常重要的一项教学任务。篮球运动是一项创造性活动，在运用篮球的技战术时，学生的运动能力具有明显的复杂性、多变性及灵活性。因此，通过篮球教学能够对学生的创新能力产生一定的促进作用。

（四）培养学生优秀品格

篮球运动是一项集体性和对抗性的运动项目。首先，通过篮球教学和竞赛过程，能够使学生坚强的意志品质得到较好的培养，使学生形成自己的世界观、人生观以及价值观。其次，篮球课程教学的教育过程对于篮球人才的培养是有所帮助的，换句话说，篮球的教学过程是一个能够较好地完成人才培养的教育过程。因此，在篮球教学过程中，要重视对学生集体主义精神和勇敢拼搏的良好的意志品质的培养。

二、篮球教学的内容

篮球教学的内容主要包括篮球的理论知识、技术动作和战术配合，其是以教学对象的层次和教学目标为依据进行选择的。

（一）理论知识

篮球教学中理论知识的教学能够有效指导学生学习篮球技能和进行篮球活动实践。

目前，我国篮球运动得到了较好的发展，并且已经形成了比较完善的理论与知识体系，其包含的具体内容主要有：篮球技战术分析、篮球教学训练理论、篮球竞赛的组织、篮球竞赛的规则、篮球竞赛的裁判法等，这些都是篮球运动教学最基本的内容，要求学生熟练掌握。

（二）技术动作

技术动作是篮球运动技能中最基础的内容。技术规格、动作方法要领和技术运用等都是篮球技术动作的主要内容。在进行篮球技术动作的教学时，要求教师对示范动作的规范性加以注重，从而为学生树立正确的技术动作定型打好基础。

（三）战术配合

特定的战术布阵是篮球运动集体对抗的主要形式，在篮球运动竞赛中，战术阵势和战术配合是主要特征之一，因此，战术配合方法是篮球教学的重要内容之一。

在篮球教学实践中，两三个人的基础配合和全队配合是篮球战术配合教学的主要内容。在教学过程中，一方面，教师应通过合理有效的教学方法使学生对人与球移动的路线、攻击点、运用时机及其变化等内容有正确的了解和认识；另一方面，教师还要注意学生的战术配合与协作意识的培养，使学生在篮球比赛实践中能对战术配合进行灵活的运用。

三、篮球教学的理论基础

（一）认知心理理论

篮球教学不仅是组织学生进行身体运动，而且要传授大量与之相对应的操作性知识。因此，在学习篮球技术的过程中，首先要通过人的感觉器官直接感受学习的篮球技术动作，形成运动感知觉，然后通过反复练习，再形成运动表象。在教学实践中，要特别注意使篮球知识与篮球技术表象之间建立起巩固的联系，同时要通过认知活动来激发学生学习篮球运动的动机和兴趣。

（二）运动过程中生理机能变化理论

篮球教学是教师组织学生进行运动实践的过程，身体练习是掌握篮球技术技能的主要途径。在身体练习过程中，人体生理机能活动变化的规律是由相对安静状态逐步进工作状态，人体工作能力由逐步提高进入到最大限度水平，之后又逐步降低。经过长期的身体活动练习，既提高了篮球运动技能和身体素质，又使身体的运动机能得到适应性改善。所以遵循规律组织篮球教学，不但可以提高教学质量，而且可以增进健康，减少运动创伤事故的发生。

（三）篮球运动技能开放性与对抗性理论

众所周知，体育运动技能分若干种类，各类技能的性质存在一定的区别。篮球是直接对抗性运动项目，其技术的运用完全取决于实战中攻守关系的变化，没有固定的程序，因此，篮球技能属于开放性运动技能（又称非周期性技能）。因此，在教学过程中，必须遵循篮球运动技能学习与认知规律，采用适应的学习方法，把培养快速应变能力、对抗能力、配合能力以及意志品质放在重要地位。

（四）篮球运动训练理论

1.周期训练理论

周期训练理论，是训练安排和制订训练计划的基础。周期训练理论的提出，源于人们对运动训练规律的深刻认识，其依据是训练适应性的形成规律、竞技状态发展规律、疲劳与恢复规律。周期性运动训练过程是以循环往复、周而复始的方式进行的，每一个循环往复都不是简单的重复，而是在前一个循环的基础上不断提高训练的要求，从而使运动员不断提高竞技能力与水平。周期性是运动训练的基本规律之一，它的实质在于系统地重复各个完整的训练单元，包括训练课、小周期、中周期、大周期。以周期为基础来安排训练就能把训练任务、方法和手段系统化，并保证其连贯性。

（1）训练适应理论

①训练适应的定义

由运动而产生的机体与施加负荷的外环境不断取得平衡的过程叫作训练适应。

②训练适应的特性

a.普遍性

训练适应的普遍性是指机体在形态、机能、运动素质、技术、战术和心理过程等方面都能发生训练适应现象。

b.特殊性

机体对训练适应的特殊性表现在不同性质的运动负荷，可以引起特殊的适应性变化。

c.异时性

机体由于运动训练而产生适应性变化需要一定的时间，而机体各方面的训练适应现象出现的时间也有所不同。机体在机能上的适应性变化往往先于结构的适应变化。

d. 连续性

机体各方面训练适应的形成具有连续性。由于机体在形态机能、运动素质、技术、战术、心理等方面的适应具有异时性的特点，便导致了机体全面适应以渐进积累的方式而形成。机体对某一运动负荷形成了训练适应之后，机体的反应会越来越小，最终这种负荷便不再引起竞技能力的提高。为了使机体各方面的训练适应进一步发展，就要不断增加运动负荷。负荷提高后，机体又能产生一个新的适应过程，使竞技能力进一步提高。

（2）竞技状态的形成理论

①竞技状态定义

运动员获取优异成绩的最适宜状态叫竞技状态。

②竞技状态的形成与发展

竞技状态的形成与发展是一个连续的发展变化过程，主要包括以下几个阶段：第一阶段，初步形成竞技状态阶段。此阶段又分为两个小的阶段，前一个阶段为"形成竞技状态前提条件阶段"，前提条件包括机体机能水平不断提高，运动素质得到全面发展，专项运动技术、战术的形成和心理素质的初步养成；后一个阶段为"初步形成竞技状态阶段"，这一阶段形成竞技状态的前提条件，具有了专项化的特点。两个阶段彼此有机、和谐地结合起来，形成了一个完整的统一体，基本上形成了竞技状态。第二阶段，发展和保持竞技状态阶段。这一阶段的主要任务是进一步发展和保持竞技状态，并使运动员在参加重大比赛前，通过赛前调控和热身赛等手段，达到最佳竞技状态。第三阶段，竞技状态暂时消失阶段。此阶段中竞技状态暂时消失，运动员进入调整、恢复阶段，并为进入下一次竞技状态周期做好准备。

2.训练调控理论

（1）超量恢复理论

①超量恢复的定义

在运动后的恢复过程中，被消耗的能源物质含量，不仅能恢复到原有水平，而且在一段时间内还出现超过原有水平的情况，叫超量恢复。

②超量恢复理论在调控中的作用

超量恢复是对未来重复进行较大运动负荷时能源物质再一次耗尽的一种预防性、保护性机制，是机体对运动负荷产生训练适应的第一阶段。它对训练调控具有重要的理论意义和实践意义。在运动训练中，这一理论已经得到了广泛的运用。如间歇训练的间歇休息时间的掌握，就是根据恢复原理和规律，选择反应的时间，使间歇休息中物质能量得到一定程度的恢复，既能保证刺激强度，又能为进一步运动提供物质保证。超量恢复也为肌糖元填充法提供了理论依据。通过糖元负荷法，即在比赛前一周进行衰竭性训练，随后三天进行高蛋白、高脂肪膳食，使肌糖元水平下降，同时提高肌糖元的活动，最后三天进行高糖膳食。在这一周时间内完成一定的运动量和强度，并注意减少或防止肌糖元的多余消耗，使肌糖元产生明显的超量恢复，从而大大提高运动员的竞技能力。

（2）应激性理论

①应激的定义

应激是人体对于外部强负荷刺激（包括生理和心理刺激）的一种生理和心理的综合反应，它是指当机体受到异常刺激时，身体就会引起一种紧张的心理状态，这种状态称为应激。在运动训练中，运动负荷不可能始终停留在一个水平上，要想不断提高运动竞技能力，就要不断地提高运动负荷水平，打破机体对原有负荷的平衡状态，达到一个新的负荷水平。在稳定一段时间后，再增加负荷。如此循环往复，从而达到提高训练水平的目的，这是"超量负荷原理"，而这一原理的生理学基础就是应激学说。

②应激在训练调控中的作用

应激学说应用于运动训练中，不单是为了防御机体的衰竭过程发生，避免过度训练，更重要的在于对运动负荷后恢复期中如何改变酶的活性和细胞的通透性，从而对恢复过程进行调整，以加强合成代谢，加速适应的过程。因此，在运动训练中，不但要掌握应激过程中肾上腺皮质系统的活动，也要充分提高垂体性腺系统在合成代谢中的机能，这是当前应激系统在运动训练中应用的发展。

运动应激提高人体机能的适应过程一般包括机体能源储备能力、机体调节能力和机体防御能力等。而运动应激的核心是激素调节，即由激素调节引起酶活性改变和机能储备提高，以及机体免疫能力提高等适应过程。

（3）恢复性理论

①身体机能恢复的异时性

在恢复过程中，恢复的各个阶段基本上是一致的，但在恢复的时间上却表现出明显的异时性特点，这种异时性对运动训练的安排与调控具有极为重要的作用。这种异时性主要表现在以下几方面：

a. 不同能源物质的恢复速度不同。篮球运动活动是以 ATP—CP 和乳酸系统为主。

b. 不同器官的恢复速度不同。首先是大脑和神经中枢的恢复，其次是心血管系统的恢复，最后是肌肉和心理的恢复。

c. 不同运动负荷恢复的速度不同。负荷越大，恢复越慢，负荷强度比负荷量恢复得快。

d. 不同训练水平的运动员恢复的速度不同。训练水平越高，恢复速度越快，反之越慢。

②恢复在调控中的作用

在运动训练中，运动活动之后的恢复过程具有时值不等现象，即机体各种机能的恢复和超量恢复不是同时发生的。根据恢复过程的规律，在运动训练实践中会出现两种不同的恢复类型。

一种是完全恢复，指负荷后人体机能恢复到或超过原有水平时进行下一次训练。完全恢复用于下列训练过程：

a. 协调和注意力集中训练。

b. 最大力量训练。

c. 反应和速度训练。

d. 技术训练。

e. 比赛训练。

另一种是不完全恢复，指负荷后人体机能已大部分恢复，但尚未达到原有水平时进行下一次训练。不完全恢复用于下列训练过程：

a. 速度耐力训练。

b. 力量耐力训练。

c. 专项耐力训练。

d. 意志力训练。

（4）运动负荷训练理论

①运动训练负荷的特征

运动负荷是指运动训练中运动员机体承受运动刺激并由此产生的机体内部生理效应和心理效应的一系列变化的应答过程。运动训练负荷的特征，是给运动员的负荷能冲击自身的"生理极限"，最大限度地挖掘其内在潜力。具体表现在下面几方面：负荷水平的极限化、负荷量度的个体化、负荷内容的专门化、负荷内容的定向化、负荷水平的动态化。

②运动负荷的科学调控

运动负荷具有以下几个共同的特征：

a.运动负荷内容的目的性与选择性。任何负荷结构都有它一定的目的性和功能特点，根据训练任务和目的来选择。

b.运动负荷调控的综合性。同一个总负荷可以由不同的量和强度组合而成。

c.运动负荷的个体性。由于运动员的生理机能、素质、技术和战术要求的不同，他们所承受负荷的能力也不同，因而安排的运动负荷应具有明显的个体性特点。

d.负荷量度的定量性与等级性。负荷的表示有两种方法，一种是以大、中、小等定性方式表示，另一种是以具体的定量方式表示。在训练中，为了提高负荷调控的精确性和科学性，越来越趋向各负荷量度的定量化。

e.负荷的动态性。运动负荷是一个持续的过程，这与训练过程的持续性直接有关。

运动负荷表现出的动态性有以下几个特征：负荷的连续性与系统性、负荷的节奏性、负荷的周期性、负荷的可监控性。运动负荷的定量化特点表明了运动负荷的可监控性，训练计划中要求有反馈调控，所以必须确定各训练过程的监控指标与训练水平的评定指标，建立相应的负荷监测。

第二节　篮球教学模式

体育教学模式是按照某种教学思想设计的，具有相应结构和功能的关于体育教学活动的模式或策略的教学程序，它包括课程设置的框架或类型、相对稳定的教学过程结构和相应的教学方法体系。主要体现在课程的设置、教学单元和教学课的设计和实施上，具体还包括体育课的教学指导思想、教学目标、教学结构、教学体系、教学内容、教学大纲、教学组织形式、教学方法、教学效应和相关条件等多个相互独立却又彼此关联的逻辑子系统。

一、"三基型"教学模式

"三基型"教学模式的指导思想是注重为学生传授篮球的基础知识、基本技术和基本技能，并以此来达到增强学生素质和增长健身理论知识的教学目的。它的教学组织形式是以原行政教学班为主，不打乱班级而进行混合性授课方式，此类体育教学模式也有其突出的优点，能充分发挥教师的主导作用，使学生能够较为扎实地掌握篮球的"三基"，对促进教学规范化、培养学生意志品质和集体主义精神也能起到积极的作用。然而这种教学模式的弊端在教学过程中也是很明显的，比如，教学内容中有一部分与中小学篮球教学重复而缺少新意，教学过程规范但不免呆板，缺少灵活性和趣味性，且不利于学生的个性发展。

二、"一体化型"教学模式

"一体化型"教学模式的教学指导思想是注重增强学生体质，强化体育锻炼的习惯，具体的教学组织形式是把早操、课外体育活动与篮球课教学三者有机结合起来。这样的教学组织长处在于能促进篮球课教学和课外活动有力衔接，增强篮球课教学和练习的整体性、连贯性，有利于培养学生从事篮球锻炼的习惯和增强体质，也能使学校的场地和器材得到充分的利用，极大丰富了校园的体育文化生活。然而这种教学模式对课外体育活动所需场地和器材量很大，而且使得教学的工作量增加，因此学校必须投入大量的资金修建场地和场馆，以及需要引进更多的教师才能保证此种教学模式的顺利实施。

三、"并列型"教学模式

"并列型"教学模式的教学指导思想是注重调动学生的积极性和培养学生的运动能力，尊重学生的个体差异，因材施教，注重对篮球基础不同的学生区别对待，并兼顾学生的兴趣、爱好，满足不同篮球水平学生的需要，有利于调动学生的学习积极性。具体的组织形式是在一、二年级同时开设篮球基础课和篮球选修课。采用该教学模式的缺点是学习进度和难易程度不易掌握，教师备课工作量加大，对师资力量的要求较高。

四、"三段型"教学模式

"三段型"教学模式的指导思想是注重学生的篮球基础、篮球能力的提高，以及利用篮球进行锻炼的习惯的培养。该模式具体的组织形式是将高校篮球课分为三段：一年级开设篮球选项课；二年级在此基础上加深和提高；三、四年级开设篮球选修课。这种模式的不足之处是在一年级区别对待不够，开设的层次多，对师资力量和场地、器材的要求高。

五、"分层次型"教学模式

"分层次型"教学模式的指导思想是注重遵循大学篮球课教学的基本规律，从学生的生理、体能和个性心理特征等实际情况出发，在总的教学指导下，建立多种教学组织形式，使学生有更多的选择余地，这有助于发展学生个性和创新能力，有利于形成生动活泼、主动学习的新局面，有利于培养学生健康意识和自学能力。具体的教学组织形式是根据学生的体能状况及篮球基础的差异，按学生身体素质的综合评分和篮球运动能力划分教学层次班。这种教学模式能培养学生的竞争意识，为终身体育奠定基础。在学习目标、教材安排和教学方法上因班而异、区别对待，最大限度地调动学生的潜在能力。它打破了系（科）和专业界限，使学生在课上广交朋友、提高社交能力、自律能力和合作精神，为精神文明建设创造了一个相互学习与交流的良好的环境，为教师在教学过程中实现目标管理创造了一个有利条件。但同时带来的困难也是客观存在的，比如，各年级开班，管理起来很复杂，也很困难，而且对师资和场地条件要求很高。

六、"俱乐部制"教学模式

"俱乐部制"教学模式的指导思想是注重培养学生的篮球兴趣和提高学生的篮球运动能力，以及引导学生培养用篮球运动健身的终身体育意识。其组织形式是培养一年级新生学习篮球的主观能动性，考虑了不同学生的兴趣和爱好，有利于调动学生学习的自觉性和积极性。但这种教学模式对运动场地和设备要求很高，对师资和经济条件要求也较高，同时学生的经济负担也会有所增加。

七、"三自主型"教学模式

"三自主型"教学模式的教学指导思想是注重培养学生的篮球兴趣和自由选择，以突出个性发展。其组织形式：自主选择时间、自主选择内容、自主选择老师的教学模式。以"三自主型"形式开展教学能充分调动学生的积极性、能动性，给不同层次、不同类型、不同环境、不同需求的各类学生提供了一个良好的平台。但这种教学模式对学校的师资、器材、场地、观念等其他配套设施要求较高。

第三节 篮球训练理念与基本原则

一、篮球的训练理念

（一）教育性训练理念

1.内涵

教育，是人对人主体间的灵肉交流活动，包括知识内容的传授、生命内涵的领悟、意志行为的规范，并通过文化传递的功能，将文化遗产教给年青一代，使他们自由地生长，并启动其自由天性。

社会学认为，人通过后天的教育、学习，培养作为社会成员的基本素质，人习得的这些内容就是文化。凡是作为社会的成员而获得的一切能力，包括知识、信仰、艺术、道德、法律、习惯等都出自人的身体和精神发育的培养、教育。我们今天仍说受教育是"学文化"，受过教育的人就"有文化"。"文化"与"自然"对立，是对自然状态的改变；文化是人融入社会、作为社会成员的基本素质；文化是后天培养的，是社会交往的产物。这一思路是说，人改变自己的天然状态、自然本性，习得一套社会习性，要通过培养、教育、教化，使人获得社会习性、社会素质，使人成为具有综合素质的全面发展人。

从广义来说，凡是有目的地增进人的知识技能，影响人的思想品德，增强人的体制的活动（有组织的或无组织的、系统的或零碎的）都是教育。它包括人们在家庭中、学校里、亲友间、社会上所受到的各种影响。就狭义而论，教育指专门组织的教育。它是根据一定社会现实和未来的需要，遵循年青一代身体发展的规律，有目的、有计划、有组织地引导受教育者获得知识技能，陶冶思想品德，发展智力和体力的一种活动，以便把受教育者培养成适应一定社会的需要和促进社会发展的人。因而人类的教育不是像动物的"教育"那样让动物能够适应环境，而是让人能够发展自身，通过改造环境而使人类一代比一代生活得更好、更自由。

从社会学和教育学的立场出发，任何事物都没有纯粹的或唯一的目标。就运动训练过程而言，它即包括训练过程又包括运动员的培养过程。在竞技运动训练中，一般的培养目标是根据竞技活动的特点具体化的，因此，目标与运动成绩定向建立了直接联系。在达到这些目标的道路上总是应当追求更重要、更深层的目标，也就是通过达到优异的运动成绩发展运动员的精神能力和身体能力，促进自我证实和形成多方面完善的个性。另外，篮球竞技运动应是一种具有规则性、对抗性、竞争性、挑战性、娱乐性和不确定性的一项社会活动和身体活动。因此，对运动员精神和个性的培养也是篮球运动训练的主要方面。

现代运动训练倡导在培养运动员竞技能力的过程中，同步向他们进行"文化"及"做人"的教育。因此，竞技教育与运动训练最终的目的是"育人夺标"，即通过培养会做人、能竞技的运动员去夺得运动的锦标和实现人生的奋斗目标。所以，现代运动训练要标本兼治，即重视运动员的文化学习，同时将如何做人与运动训练统一起来，对运动员进行系统的教育。

篮球还是一项人们喜闻乐见的体育项目，它有很强的健身功能，同样它又具有较强的教育功能。NBA的小牛队的助理教练小尼尔森在中国讲学时提出，美国篮球训练的手段千差万别，但大家有一个共同的哲学理念，那就是通过篮球运动培养全面发展的人。美国著名篮球教练Jackson认为篮球运动员应把团体义务置于个人荣耀之上，从自觉与他人协调中获得成功。篮球教练员更多的是用场上智慧和篮球技术教授运动员，用这个工具把普通的人培养成有成就的人。受教育是人的基本权利，竞技体育也不应把提高运动成绩作为唯一目标。毕竟运动员的运动生涯只有短短的十几年，但在运动过程中受到教育对运动员的一生都有重要的影响。因此，在训练过程中应充分重视体育的教育功能，按照终身体育的教育思想促进运动员身心的全面发展。

教育性训练理念就是在运动训练的同时，要重视和强调对运动员文化的教育和素质的教育，使训练与教育相结合、相协调、相促进，最终达到训练和教育相融合的目的，以促进竞技运动的发展提高。教育性训练理念，其代表训练总体，规范所有运动队和运动员的教育与训练行为的理念，因而，这是一个宏观理念。

2. 教育性理念对篮球运动的作用

（1）运动员的文化教育直接关系到运动员的健康成长

篮球竞技运动是一种由教练员、运动员、管理人员和科技人员等共同参与、密切配合的训练与比赛的社会活动。这一活动伴随着世界文明的巨大发展而迈入了知识信息时代。在这种情况下，作为运动训练主体的教练员和运动员的知识水准便成了制约竞技运动发展的瓶颈，导致竞技运动出现滞缓。在篮球运动的发展上，教练员在运动员培养中往往起着决定性的作用，他的知识水平决定着他的执教能力及训练操作能力。而由于篮球运动的特点，运动员文化素质的高低影响其对科学训练的理解，从而直接影响到训练的质量和效果。

以往的篮球运动训练等竞技人才培养依靠单一的训练过程，过多强调的是身体素质、技战术修养、心理素质等，却轻视了对运动员文化和人文素质的培养，使得大部分运动员在激烈竞争的篮球训练和比赛中显得力不从心，与国外高水平运动员相比，综合素质较差，最为突出的是人文素质。造成这种现象的主要原因是在运动训练过程中缺乏运动员主体性的发挥以及对运动员文化素质的培养。

中国女排原总教练袁伟民同志和美国 NCAA 加利福尼亚大学洛杉矶分校原教练约翰·伍顿及公牛队原总教练杰克逊之所以成为世界水平的教练员，不仅取决于他们有高水平的训练之道，而且更在于他们有非凡的、人性化的人文理念。比如，在袁伟民的《我的执教之道》、约翰·伍顿的《全力以赴》和杰克逊的《我的公牛王朝》三部专著中，都没有过多地论述如何打球，研究的重心是如何教育人和管理人。如约翰·伍顿的《成功金字塔》。成功是心灵的宁静。内心的宁静源于自我的满意，因为你已经尽了最大的努力，充分展现了自己的最佳水平。篮球是人生，在比赛中要攻而不怒、行而不暴、刚柔相济。他们之所以能够成为世界水平的教练员，关键在于他们在培养运动员的过程中，抓住本质的、规律性的东西，即篮球运动中的人、物的整合。当今，在培养高水平运动员的过程中，把运动训练与育人有机结合已经成为共识。变革培养运动人才的思想及方式，在训练过程中应充分重视对运动员的文化教育及篮球运动的教育功能，强调训练与教育相融合，促进运动员身心的全面发展是时代赋予我们的历史使命。

加强运动员的文化教育，是保证运动员健康成长的重要基础。一方面要通过运动训练使他们成为优秀运动人才；另一方面还要通过文化教育使他们健康成人。

（2）文化素质教育是促进运动水平提高的智力保证

现代的篮球运动是一种十分复杂的运动形式，它不单单是体能和技能的较量，同时也是心智能力的较量。随着运动员年龄的增长、技术水平的不断提高，文化素养对运动员成绩的提高显得越来越重要。中、高级水平的运动员打球需要很强的篮球意识，而通常所说的篮球意识，就是运动员对篮球运动的正确理解所形成的篮球临场经验。经验主要来自两种渠道：一是自身经历的经验；二是前人经验的传授。自身经验需要分析、归纳、总结和提高，这需要文化；前辈经验的吸收、消化、理解同样需要文化；对篮球运动"真、善、美"的认识更需要文化。

接受教育是不断地积累"知识"，而"知识"是由信息经过处理、筛选、积淀而成的文化。篮球运动中，"知"是指人对专业知识的了解，如篮球运动的基本规律的认识、对运动员的掌握程度，以及对对手的认识程度。而知识是谋略的基础，谋略是知识的具体实践应用的体现。"智慧"，是指辨析判断、发明创造的能力。知识的长期积累和生理功能处于最佳状态时就能产生较高的智慧。一般劳动主要靠知识，创造性劳动主要靠智慧。篮球运动员和教练员的"智慧"在篮球比赛中尤为重要。具有较高运动智能的竞技选手，对篮球运动的特点和规律有着较为深刻的把握，对篮球训练理念和方法也有更准确的认识，在训练中更能正确地理解教练员的训练意图，更好地配合教练员高质量地完成预定的训练计划，从而提高运动员总体竞技能力。另外，具有较高运动智能的竞技选手，能够更为准确地把握运动战术的精髓和实质，在比赛中善于灵活机动地运用战术；善于动员和控制自己的心理活动，从而保证在竞技中更为出色地发挥已有的竞技水平，表现出更高的总体竞技能力。

随着社会的发展和篮球运动竞技水平的不断提高，知识的作用越来越突出。知识是创造性思维的基础，篮球运动是一项培养创造能力的活动。因此，篮球运动训练目的是要传授新知识，开发运动员的灵感思维，培养他们的创造能力。

当今的竞技篮球运动的体能和技能都已挖掘到近乎极限的水平，各种技术已发展到十分复杂的程度，比赛的激烈对抗与变幻莫测的临场应变已使人应接不暇，如果运动员没有良好的知识水准、较高的心理素质是不足以适应当今竞技篮球运动的发展。从 CBA 球员和 NBA 球员的文化水平比较不难发现，CBA 球员与 NBA 球员的文化素质有着较大的差异。据资料统计，在 NBA 中 20% 是来自高中或社会其他培养途径及引进的外援，80% 的球员是来自 NCAA（全称 National Collegiate Athletic Association），而目前 CBA 球员的来源地为大学的极少。NBA 球员普遍具有较高的文化素质，能更好地理解篮球文化，把握篮球运动规律，自觉地提高技术、战术素养，并且富有敬业精神；在比赛中能够创造性地发挥出自己的技术、战术水平，对完成高难度技术动作及绝妙的配合等都有很深的影响。而 CBA 球员打法呆板，缺乏创新和激情，在很大程度上是由于较低的文化素质影响的，学习、训练的效率不高，限制了篮球运动员技术、战术的发挥，制约了我国篮球运动水平的提高。

因此，竞技运动在其目标设计中如不增加文化教育这一似乎与夺取金牌不大相干的非中心因素，文化教育作为一种素质标志就会反过来严重制约中心因素的发展。所以，运动员的文化教育直接影响运动训练质量和效果，提高运动员的文化素质是竞技体育发展的现实需要，具有重大的现实意义。

（3）文化教育是培养运动员退役后的社会"通用尺度"

运动员的文化教育是体育事业健康持续发展的人才基础。由于竞技运动必然存在运动员二次职业选择问题，体育事业健康持续发展要求保证运动员"进、出"的渠道畅通。运动员是青春的职业，任何运动员都将面临第二次就业，如果"出"的渠道不畅，"进"的渠道就会受影响。从长远来看，运动员的文化教育是至关重要的。如果文化教育和社会能力解决不好，运动员也会长期处于不稳定状态。退役运动员没有出路，势必影响家长的积极性，这一现象就会形成巨大的社会心理效应，使千千万万个家长直接干预子女的运动行为，其后果就是家长不愿把孩子送来训练，后继乏人，致使竞技体育的根基动摇。所以说，加强运动员文化教育，提高运动员的文化素质会使体育事业持续发展有源源不断的人才支持，这将直接影响着体育事业的可持续发展。因此，篮球运动训练在目标设计上不能忽略文化教育。

（二）青少年战略性训练理念

1. 内涵

战略性训练理念是指运动训练发展过程中重大的、带有全局性的、规律性的或决定全局的谋划。战略性训练理念的合理与否、先进与否，决定着本项目的发展方向、发展模式、发展水平。

青少年战略性训练理念是指在运动训练发展过程中，在青少年训练中对项目运动的本质、规律性的把握及长远发展所持的全面性、指导性、方向性和创新性的看法与判断。也就是在篮球项目发展中，要根据实际情况及青少年的身心发展规律制定确切的目标，要顺应篮球运动训练的发展趋势，要遵循竞技体育人才的培养发展规律，其最终目的是满足世代篮球人才的需求。

2. 理念基础

（1）篮球可持续发展的根基来源于青少年

战略是指发展的策略和思路，篮球发展的根基来源于青少年，青少年是篮球发展的核心和基础，没有青少年篮球的发展，就绝对没有篮球运动的可持续性发展。而可持续发展的最终目的是建立与运动技术水平发展相适应的体制，满足社会不断增长的需求，不断提高运动训练水平，其核心和基础是青少年发展战略。因为只有青少年训练的理念正确了，训练的手段和方法才会正确。我们提倡的理念是：青少年篮球运动的提高与发展必须与教育、文化、经济和社会生活的发展相适应。因此，篮球运动训练应从青少年发展战略性的角度出发，在篮球人才的培养过程中从长计议、打好基础，摒弃急功近利的心理，且遵循篮球运动规律及青少年身心发展规律等全局性的理念，使篮球运动能全面、协调、可持续地发展。

（2）青少年是世界观和人生观形成的重要时期

篮球运动有着其他项目不可比拟的对青少年的教育功能。首先，这些项目是集体性项目，参与者在训练、比赛、生活中要与其他队员、对手和教练员发生各种形式的交流，这样在群体的相互影响下产生了相近的世界观、价值观和道德观。通过群体之间复杂关系的处理，形成了个人的思想道德标准、行为规范、社交策略和积极向上的世界观。

青少年是世界观和人生观形成的重要时期，我国部分梯队的青少年运动员过早脱离了正常的教育培养体系，因此，良好训练环境的营造和团队文化氛围的构建在青少年思想品德教育中具有重要的现实意义。对青少年运动员的思想品德教育要坚持以理想信念教育为核心，进行广泛深入的世界观、人生观和价值观教育，并以正确的理念对青少年进行训练。要坚持以爱国主义为重点，在青少年运动员中大力弘扬和培育民族精神和爱国情怀。引导青少年运动员树立科学发展和和谐发展的思想观念，正确处理自己与他人、个人与集体、个人与社会关系，培养青少年运动员良好的道德品质和文明行为，促进青少年运动员全面和谐发展。

（3）良好意识的形成是一个长期的过程

篮球比赛是在克服对手的对抗情况去争取比赛优胜的，激烈的对抗可以培养青少年运动员正确的竞争意识和自我牺牲精神，在市场经济中，正确的竞争意识和自我牺牲精神是作为社会的人必不可缺的品质。与其他项目一样，篮球运动要求运动员进行长时间艰苦的训练，对人的意志品质有着磨炼作用。

此外，建立运动员的自信心，培养自我控制能力、注意力的稳定性、良好的沟通能力、角色的定位和责任感等这些重要的心理目标是要经过长期的运动训练和磨炼才能获得，才能形成这种稳定的心理能力。优秀篮球运动员的这种稳定的心理能力与竞技能力是密切结合在一起的，脱离运动训练的心理训练很难在比赛中取得实际效果。

青少年的训练要有长久的目标，系统全面的培养，摒弃急功近利的观念，打好基础且遵循篮球运动规律等全局性的理念，使他们得到身心的全面发展。包括人际交往的策略、面对失败与挫折的态度、准确的竞争观念等。中国篮球训练应着眼于青少年，从青少年开始投入人力、物力，端正训练理念，采用适于青少年心理与身体特点的科学训练方法，用现代的攻、防意识和简单、实用技术武装他们的心灵和机体，这是具有长远战略意义的理念。

（三）人文操作性训练理念

1.内涵

"人文"这个概念的出现是在14世纪到16世纪的欧洲文艺复兴运动时期。

"人文"的英文译名为 Humanism。Humanism 源于拉丁语 Flumanus，意为"属人的""人性的"。人文，中国古代有"教化"与"生成"之意；希腊文的 Paideia（人文）的意思，即对理想人性的培育、优雅艺术的教育和训练。人们对"人文"的解释各有不同，但所呈现的价值是同质的，即"人"的内涵是使人成其为人的社会价值和目标的总和，而"文"的要义则是教化和造就人性的规范、制度以及各种文化现象。"人文"始终贯穿了教化、文明、发展人性的思想主线，有着深厚的底蕴和来龙去脉。也就是说，人文追求教化、求善，它是满足人的终极关怀。人文（主义者）是把人的问题和人的价值放在首位，始终是围绕着"人"而展开的，强调对人自身的关怀，崇尚人的理想，提倡人的尊严，追求个性解放。

人文的本质首先在于人文精神。人们通常把人文分为人文知识和人文精神。人文知识是人们对自身文化的一种了解、一种学问，是"知道"；人文精神是对文化内在价值和意义的自觉，它通过人们的行动体现出来，是"体道"。所谓"体道"，就是用自己的实际行动把自己所领会的文化之"道"体现出来。

体育的人文观，其核心就是要主动表现体育对人类生存意义及价值的终极关怀，回到以人为本的体育世界。体育人文观强调在体育的认识中倾注以人为本的人文精神：体育的生物观则在运动训练中强调对人的生物性效果上。在现代体育运动的发展中，应将传统的体育生物观与体育人文观结合起来，使其在实践中并存。

"人文"特征既有理性的，也有非理性的。因为人性是多方面的，它不仅需要理性，更需要情感、意志、温暖等。

人文操纵性训练理念，是在整个篮球训练过程，强调对运动员尊严与独立的关注；对运动员思想与道德（培养人性）的关注；对运动员权利的关注；对运动员生存状况与前途命运的关注等。

现代篮球运动应是通过篮球训练的"修炼"达到人生的"启蒙"，由篮球的训练升华到人格、人性，乃至人生"悟性"修炼，使篮球运动成为一种教育的工具。因此，在篮球运动训练中体现人文特征、运用人文操作性训练理念是达到全面培养人的目的的重要手段之一。

2. 理念基础

（1）人的行为在于一个人的感知或信念体系

人文主义、感知—经验主义的观点主张，人的行为原因在于一个人的感知或信念体系。即人们的行为并非对施加于自己身上的强力直接做出反应，而是依据他们对自己的看法、他们所面对的形式以及他们要实现的目的。

从人本主义的观点看，人文操纵之法就是教练员或领导者必须按照他们的信念体系和他们想要领导的运动员或人员的信念体系来认识领导工作。

我国在长期的运动训练过程中，缺乏人文特征的训练理念以及手段和方法。教练员在管理和训练中大多采用"强力操纵"的手段，以对付物质性事物的有效办法和运动员打交道。虽然这种"强力操纵"的手段有时在特定的环境、条件，对特定的人，而领导者（教练员）又更小心、更严谨地使用时，它可能奏效。但它并不是每次都按照教练员或领导者的愿望奏效。因为，人们的行为并非对施加于自己身上的强力直接做出反应，而是依据他们对自己的看法、他们所面对的形式以及他们在行动时持有的目的。"强力操纵"与人相处之法只是部分正确，一位成功的领导者或教练员应既了解强力操纵之法，也了解以人为本的人文操纵之法，并且知道何时使用何种更为适宜。

（2）篮球运动是自然规律和价值规律的双重存在

当代运动训练不仅要讲科学性，即要符合项目运动客观规律，同时，也要受到善的理念的控制，不仅要善，而且要达到美的境界。也就是说，运动训练不仅要提高运动员的竞技能力，同时更要提升运动员的价值生命。也就是重视竞技运动本身的研究，更强调对竞技运动主体——人的探索，将运动员与篮球运动的本质紧密结合起来，避免主体迷失和人性失落。

因此，篮球运动训练既要符合科学规律，又要在目标追求与实现的过程中符合人的价值规律，要体现人文特征，要将科学性与人文特征相结合、相统一，只有这样，才能实现真与善的统一，进而达到理想的目的。

（3）人文凸显技术的灵动，摆脱"技术"对"人"的控制

运动训练是教育过程，教育就要触及人的灵魂深处，要尊重意愿、满足需要、培养兴趣，凸显自主、自信的主体精神，发展内在的动力。在体育教学中，教育者不仅注重一个动作怎么学、身体某一部位怎么练，而且关注学生能否得到自由、全面、和谐、可持续的发展。在竞技运动方面也是一样，奥林匹克运动不仅继续保留"更快、更高、更强"的格言，还提出"更干净、更人性、更团结"的新口号，昭示着当代奥林匹克运动将克服自身的顽疾，向更加纯洁、更加友善、更加具有人文色彩的方向发展。

为了摆脱"技术"对"人"的控制，摆脱金钱对竞技运动的束缚，倡导公平竞争，弘扬体育道德，培养人性，挖掘人的潜能，将迷失的主体、失落的人性找回来，就要在篮球运动训练中强调人文（特征）操作，培养运动员的人文基础，在竞技运动领域内构建其特有的"精神家园"，即情感、责任感、态度、信念等，其对运动员的体能、技能、成绩等物化的成分起决定性的作用。

（4）篮球运动蕴含人文精神

竞技体育是一种全世界共同遵守相同规则的活动。它要求公平、公正、公开地遵守"游戏规则"，平等地参与竞争。篮球竞技运动，虽然是以身体运动为主要形式，但本质上是运动员竞争意识的公平、公开、公正的较量。在相同的规则限制下，个人和运动队可以最大限度地表现和发挥能量，并从容接受不均等的胜负结果。

平等与参与、合作与竞争、循规与创新是篮球运动永恒的自然主题，其中蕴含的人文精神显而易见。因此，在篮球运动训练中，必须使人与竞技两者协调发展，既遵循篮球运动的本质、规律，又要符合人文特征。

因此，在运动训练过程中，任何时候都必须注意形成具有人文特征的训练环境与氛围，注入人文精神，体现人文特征，将人文精神渗透在运动训练中，最终贯穿于体育运动之中，在人文与科技的冲突中保持适当的张力，在两者的融合中使其水乳交融，体现对运动员训练条件、生活状况、身心状况等各方面的关爱与培养，提升运动员的价值尺度，挖掘其智能，发展和发挥其个性、风格和个人的创造力和想象力，从而促进竞技运动中的竞技、人、社会三者协调发展。

篮球运动训练中强调人文操作性的训练理念，是关注人与竞技篮球运动的本质之间的内在联系，是对运动员的一种终极关怀，即为求"善"。

（四）技术实践性训练理念

1. 内涵

技术一词来自自然科学。自然辩证法对技术概念一词的定义是：技术是人们为了特定的目的所应用的一种手段和方法。这种手段和方法包括物质手段如工具和设备，也包括知识、经验、技能以及组织形式等，这些客观的物质手段和主观的精神因素相互结合组合成一个技术系统。人们为了寻找达到某个技术目的，就需要研究组成这个技术系统的各个要素，改变这个技术系统的结构，提高这个技术系统的整体功能。

在自然科学中，技术的客观物质手段与主观的精神因素是可以加以区分的，然而在体育活动中，引用"技术"这一概念对运动员的体育表现加以评定，就必须注意到体育运动本身的特殊性。即通过自身的身体练习来达到提高技术系统各要素的功能，从而表现个体的技术水平。在篮球运动中，运动员本身既具有技术的客观物质手段和主观的精神因素这两方面，既是技术的主体又是技术的客体，具有双重性。作为技术的物质手段——客体，与主观的精神因素——主体是统一的。两者密不可分，离开了客体因素，主体因素就不存在，而没有了主体因素，客体也无意义。

根据自然科学对技术的定义，分析篮球运动中人所具有的技术也应该从客观的物质手段和主观的精神因素这两方面加以考察。本书也试图从客观物质手段的"技术性"的实践方面和主观的精神因素的人文操作性方面进行。本书的篮球技术实践性的训练理念主要是指在对篮球运动本身的客观规律的物质性的认识的基础上进行分析。

2. 理念基础

（1）技术实践性乃求"真"

篮球运动技术实践性的训练要符合事物的客观规律，即符合篮球运动的本质特征及规律。在篮球运动训练中，要运用篮球运动的本质特点和规律指导训练，力争做到实用、朴实和结合实际，符合事物的客观规律就是求真。训练符合比赛要求，训练的一切工作，包括训练的形式、内容、方法、手段和负荷等都要符合实战的要求。

（2）技术实践训练是从实战出发的基础

在篮球运动训练中，符合实战应是第一位的。篮球运动的技战术训练最有效的方法是从实际出发；对运动员来说，比赛训练的运用可以使运动员的实战能力提高更快，使运动员在比赛中出现更加放松的表现。要达到积极训练的目的，训练必须尽可能地与比赛的情况一致，最大限度地包括比赛过程中出现的所有因素，越一致越好。

（3）技术实践性训练决定技术风格

比赛的风格取决于训练的方式，不同流派的技术风格源自不同的技术性训练理念和方法。

（五）各训练理念之间的关系

20世纪国际医学界提出了"生物—心理—社会"的医学模型，改变了传统医学偏重于从生物学角度研究病理的旧思想，这是一次重大的医学变革。后来，世界卫生组织（WHO）又提出了人的健康是人的生物、心理、社会三者达到完满状态。根据医学有关研究成果分析，运动员竞技能力的提高与培养过程应是一个完整的人的操作过程。过去人们偏重于从生物学的角度研究和培养运动员的竞技能力，这是不全面的。完整的竞技能力应以生物学、心理学和社会学为基础，并在此基础上从项目的客观运动规律、人文学和社会学的角度出发着手培养和提高运动员的竞技能力和运动成绩。

运动训练是体育教育的一部分，运动训练的最终目的是"育人夺标"，即通过篮球运动训练培养全面发展的运动员。篮球运动训练从技术层面切入，发展到身体层面，最终要在精神层面上发挥积极的作用与影响，是一个由低级到高级、由外层到内核的完整的结构。若只重视科学规律的训练，就不能达到篮球运动教育的深层次，进而制约篮球运动技术水平的进一步提高，同时也使篮球运动的教育作用得不到完整的体现，如提升运动员的价值尺度、挖掘其潜能、发展和发挥其个性、培养其创造力和想象力等；若只重视教育性和人文特征的训练，那么技术和身体就得不到很好的表现，精神层面的体现失去了依托。就像一个国家要想举办一次成功的奥运会，显然经济实力和科技实力是前提，但要实现"有特色，高水平"的期望，最有力的体现是留下独特的"人文遗产"，即体现这个国家的人文风范、体现这个民族的文化底蕴。

现代篮球运动的发展，对篮球运动员的各方面要求都很高，尤其是对运动员的内在心理品质和智能。在比赛中，运动员技战术水平的高低受其心力与外力的影响很大，我们应重视在建立教育与训练相融合思想的基础上，积极开发运动员富有人文精神的心力与外力的潜能，使他们掌握富有人性的绿色技术。运动员既是竞技运动的主体，又是社会的主体，是具有自然生命和文化生命的"人"，竞技运动需要人性化，需要人的文化教育，竞技中的"物力"（指体能、技战术）若求富有人性，那么它必须与心力（知、情、意和个性等）和外力（环境以及球员的精神状态、语言和行为，积极人际关系等）进行整合，即竞技运动中的人文与科技的整合。在运动中，运动员良好的竞技状态是物力、心力与外力相互作用的结果。心力是外力对物力产生作用的中介，外力只有通过心力才能对物力产生作用。

因此，在篮球运动训练的整个过程中，首先要对运动员进行系统文化教育与培养，其是竞技能力提高及育人夺标的基础，要在生物学、生理学和社会学的基础上，从运动训练学、人文学和社会学三方面关注整个运动训练过程，在遵循青少年的身心发展规律的同时，既注重"物道"，又探索其"人道"，使"人道"与"物道"达到整合。也就是说，训练既要符合篮球运动的科学客观规律，又要体现人文特征，最终实现"人与竞技"同步提高的基本哲学理念。

对运动员进行系统文化教育与培养是竞技能力提高及育人夺标的基础，其对青少年训练理念和人文操作性理念起决定作用；青少年的训练理念也要以教育为基础，并结合青少年的身心发展规律；人文操作性理念对技术实践性理念的有效性起着关键性的作用。以上各训练理念各具有不同的独特内涵，但它们相互兼容、相互依从、相互支持，在整个运动训练中是不可缺少的。

二、篮球训练的基本原则

（一）自觉积极性原则

在篮球训练中贯彻自觉积极性原则，是指教师启发学生的学习自觉性，充分调动学生的学习积极性，使学习效果达到最佳。训练中贯彻自觉积极性原则，是由教与学的双边活动中学生是学习的主体这一因素决定的。要充分调动学生的学习主动性，引导他们积极思考，勇于探索，刻苦练习，自觉地掌握篮球理论和篮球技术、战术方法，提高他们观察问题、分析问题和解决问题的能力。

学习效果与学习动机是紧密相连的。如果学生的学习目的不明确、学习动机不正确，就不可能去自觉积极地学习，也不可能把这种自觉积极的学习状态长期保持下去。因此。明确学习目的，是调动学生学习主动性的关键问题。

教师是训练的主导，启发和引导学生生动活泼地学习是教师的重要职责。

在篮球训练中，教师要运用设疑、联想、比较、形象等方法，启发学生积极思维，篮球运动是一项对动作操作思维、战术思维和快速反应能力要求很高的运动，因此在训练中要以提高学生的运动能力和思维能力为核心。

教师通过对技术动作的生物力学和运动学分析，使学生掌握正确技术动作的概念和动作方法。根据篮球攻守对抗规律，使学生掌握技术运用和战术方法；通过比赛、裁判工作和组织竞赛等实践活动，调动学生的学习积极性，从而最大限度地发展他们的能力。兴趣是形成学习动机的重要因素，它可能是暂时的，也可能转化为长期的。篮球运动是一项趣味性较高的运动，我们要保护和进一步培养学生对篮球运动的兴趣，在训练中采取丰富多样的训练方法，使学生获得正确的篮球理念知识和运动方法，提高他们的运动水平，使学生对篮球运动的兴趣转化为热爱，从而使学习的积极性更高更持久。

在篮球训练中，建立民主平等的师生关系，创造一个生动和谐的训练环境也是很重要的。教师要成为班级训练活动中具有主导作用的一分子，平等对待学生，坚持正面教育和以表扬为主，训练民主，宽严适度，尤其对基础较差的学生要倍加爱护和帮助，使每一个学生的学习潜力都得到发挥。

（二）循序渐进原则

循序渐进原则是指训练要按照学科的逻辑系统和学生的认知规律进行，由简单到复杂，由低级到高级，由单一向综合发展，使学生循序渐进地掌握基本知识、基本技术战术和基本技能，形成严密的逻辑思维体系。

从认识论的角度看，学习体育专业是一个特殊的认识过程，在这个过程中，学生的智力、能力和全面素养不断得到发展，这是一个渐进的过程，训练中必须遵循教育的规律、人体运动机能变化的规律、运动技能形成的规律和人体运动适应性的规律。因此，在安排训练内容、选择训练方法、确定运动负荷时，必须考虑学生的身心发展水平，训练进度由浅入深，运动负荷由小到大，要大、中、小相结合。

篮球训练中贯彻循序渐进原则，要注意训练内容的系统性。根据训练大纲的要求，安排好训练进度和课时计划，使训练进度符合篮球运动训练的规律，使课时计划既系统又综合，由易到难、由简到繁、从无对抗到有对抗，运动量逐渐增加。例如，移动是篮球运动的技术基础。在安排基本技术训练时，要先学习进攻移动，后学习防守移动。在此基础上再学习运球、传接球、投篮、持球突破、抢篮板球、防守等基本技术，只有全面地掌握了基本技术，才能学习战术基础配合和全队战术。

篮球训练中贯彻循序渐进原则，根据动作技能形成的规律，从认知定向阶段（泛化阶段）、巩固提高阶段（分化阶段）到熟练阶段（自动化阶段），都要依据动作技能形成的阶段性特点来组织训练。如在技术的初学阶段，要通过讲解、示范和试做，使学生建立动作概念、视觉表象和初步的运动感觉，通过不断练习使正确技术动作巩固下来，然后加大练习难度，使动作达到熟练并能在实战中运用。因此，训练中必须注意训练的阶段性特点，并针对不同阶段采取不同的训练方法。

在篮球训练中贯彻循序渐进原则，还要注意合理安排运动负荷。疲劳是运动过程中必然出现的。疲劳在技术训练和训练中有其积极的意义，没有疲劳就没有超量恢复。没有超量恢复就不能提高健康水平和身体素质水平，也难以提高技术水平。但是，过度疲劳也同样不能达到促进健康、提高身体素质和技术水平的目的。因此，根据学生的身体状况、训练内容、场地、气候等综合因素来合理安排运动负荷，是完成篮球训练任务所必须注意的。

（三）直观性原则

直观性原则是指在篮球训练中利用学生的感官和已有经验，通过视觉、听觉和肌肉本体感觉，获得对篮球技术战术的生动表象和感觉，并使之与积极的思维相结合，从而掌握篮球技术、战术和技能，发展思维能力。

真观性原则是根据学生对事物认识的一般规律提出来的，感觉是认识的基础。在篮球训练中正确运用直观性原则，对于提高训练效果有重要的意义。

篮球训练中经常使用的直观训练方式有动作示范、沙盘演示、电影、录像、技战术图片等。

在篮球训练中贯彻直观性原则，首先要有明确的目的和要求，教师要根据训练的任务和教材的特点以及学生的情况，有目的地使用直观训练方法，如对低年级学生进行技术训练时，宜多使用动作示范、技术图片等。可以把学生的动作录像重放，与正确技术进行比较，以纠正学生的错误动作。对高年级学生进行战术训练时，宜用沙盘演示，或用生动形象的语言进行讲解。

训练中贯彻直观性原则还要充分利用学生的视觉、听觉和肌肉本体感觉，通过示范、电影、录像、图片等，使学生产生明晰的技术战术表象，激发学生的学习积极性。

直观有助于使学生形成正确的表象。这种表象只有与积极的思维相结合，与实践相结合，才能得到好的训练效果。因此，直观性训练要善于启发学生思维，并与技战术练习活动紧密结合起来。

（四）实效性原则

在篮球训练中贯彻实效性原则，就是要从实际出发，根据学生的实际情况，紧紧抓住训练中的主要矛盾和矛盾的主要方面，解决训练中的重点和难点问题；提高训练的艺术性，教法要简单易行，讲求实际效果，在有限的训练时间内，达到既能使学生掌握知识技能，又能增强体质和提高能力的效果。

贯彻实效性原则，就是要用唯物辩证法指导训练工作。一切从实际出发，注重实际效果，不追求表面效应，力求全面准确地把握训练内容，深入地分析技术战术内涵，把握事物的本质，抓住关键，解决好难点和重点问题，带动一般性问题的解决。如在移动技术训练中，抓住了身体重心的控制和转移、维持身体在移动中平衡的这个关键技术，其他移动方面的问题就不难解决。在投篮技术训练中，抓住投篮手法这个关键技术，可以带动投篮技术的学习。训练中贯彻实效性原则，就要不断研究改进训练方法。训练方法是实现训练目的、完成训练任务的手段。训练方法的优劣直接影响训练任务的完成和训练质量的高低。教师要深入研究教材和教法，充分利用现代化的训练手段，在技战术训练中，要精讲多练——"精讲"是在深入分析教材和学生实际的基础上实现的，"多练"就要设计符合篮球运动特点和学生实际水平的练习方法，给学生更多的实践机会。

在训练中贯彻实效性原则，就要经常调查研究，不断发现新问题，分析这些问题产生的原因，找出解决问题的方法。在课堂训练过程中，为适应学生的实际情况而临时改变训练方法和练习形式也是允许的。

第四节　篮球训练步骤与方法

一、篮球训练步骤

（一）技术训练的步骤

1.单个技术训练

篮球技术由大量的单个技术动作组成，单个技术训练的目的主要在于掌握、提高单个技术的动作技能。

2.组合技术训练

篮球组合技术，是指两个以上单个技术动作有机衔接所形成的各种特殊的技术群的总称。

3.位置技术训练

篮球比赛中队员的位置分为中锋、前锋和后卫，不同位置的队员在比赛中承担着不同的职责和攻守任务。

4. 攻防技术的对抗训练

篮球技术训练的主要任务不仅是形成动作技能，更重要的是学会如何在比赛条件下运用已形成的动作技能达到一定的战术目的。

（二）战术训练的步骤

1. 基础战术配合训练

我们知道，在篮球的运动训练中，战术是多种多样的，但是每种战术都离不开基础的配合。基础的配合是全队攻防战术能够顺利进行的重要保障，我们只有充分掌握好这些基础的动作和配合，才有可能保证战术顺利地实施，为发挥全队的战术体系做出应有的贡献。

2. 全队战术配合的衔接训练

在局部基础配合的训练有一定的基础之后，我们就可以接着进行战术配合的训练，进行战术配合训练，包括局部战术的衔接训练和全队战术配合的衔接训练。

（1）局部战术配合训练

有效地将局部的基础性训练进行组合，需要注意的是，在进行局部战术配合训练的时候，一定要强调主次配合的衔接以及进行过程中的连接性和变化。

（2）全队战术配合衔接训练

全队战术配合衔接训练是指在完成局部战术训练或者有了一定的训练基础之后，所进行的全队完整战术训练。这种训练，对于提高全队的行动统一性以及全队配合的合理性和攻击性有着不可忽视的作用。

3. 战术配合的综合应变训练

我们在掌握好两个或者两个以上的全队战术之后，还需要对战术的综合变化进行组合式的练习，进而提高我们运用战术的应变能力。在不断提高攻防转换能力的基础上进一步加强综合战术的运用。

4.战术配合的比赛训练

检验战术成功与否的重要手段就是不断进行战术的比赛训练，这在一定意义上来讲是具有很大的对抗性的，通过不断的战术比赛训练，我们能够不断发现战术配合训练中存在的问题，进而去解决这些问题，最终提高队员的运用能力。

二、篮球训练基本方法

（一）重复训练法

重复训练法是指这种练习方法在运动训练中是经常采用的基本练习方法，无论哪种技战术动作的掌握都必须经过反复练习，才能运用自如。重复训练法是指在相对固定的条件下，教练员为有效地巩固提高运动员的机体机能和技战术动作质量，按照一定的要求反复进行同一动作的一种练习方法。重复训练法主要由四个因素构成：重复训练的次数和组数；每次练习的强度；每组重复训练的距离和时间；每次（赛）练习之间的间歇时间。在做每一个或每一项具体练习时不宜对四个基本因素同时提出要求。

（二）比赛训练法

比赛训练法是通过比赛的方式进行训练的方法。这种训练方法是在接近比赛的条件下运用所学技战术动作，增强篮球意识，提高篮球运动素养的一种练习方法。运动员技战术动作的练习是通过比赛实践来体现的，任何技战术动作练习的成败与否都必须通过比赛来检验。通过比赛积累经验，既是篮球运动训练的必经之路，也是培养运动员迅速成长的重要环节。

（三）间歇训练法

所谓间歇训练法，是指在一次（组）练习之后，严格控制间歇时间，在机体未完全恢复的情况下，就进行下一次练习的训练方法。间歇训练法在形式上与重复训练法类似，两者都是在经过一定的间歇时间后再进行下一次练习。

不同的是，间歇训练法每次重复训练之间的间歇时间有严格的规定，要在运动员机体未完全恢复的状态下就进行下一次的练习。而重复训练法则要在间歇时间里，使运动员机体基本恢复的状态下才开始下一次练习，这是区分两种训练方法的关键所在。间歇训练每次重复训练的距离或负重量还可有一定的变化，但不能太大；而重复训练的距离或负重量则相对固定。

间歇训练法的构成因素主要有五个，分别是：每次练习的时间和距离；每次练习的负荷强度；每次重复的次数和组数；每次（组）练习的间歇时间；间歇时休息的方式。根据这五个因素，可以组成不同的间歇训练方案。

（四）综合训练法

综合训练法是指教练员针对训练所要解决的某些技术动作与实际运用脱节、练习与实践脱节等问题，而将几种练习方法的特点有机地加以结合而形成的一种练习方法。这种练习方法可以有效地提高运动员单位时间内的练习效率，增强运动员对技战术动作的运用能力和熟练程度，更好地培养战术意识。但需要注意的是，在运用中教练员要以提高练习质量为目的，抓住关键环节，解决主要矛盾，合理设计和选择综合训练法。

（五）游戏训练法

游戏训练法是指教练员根据训练的需要，为了充分调动运动员的情绪，从而使训练能够达到最佳效果而采用的一种练习方法。游戏特别是篮球游戏作为一种训练手段，既适用于一般训练和专项训练，又适用于篮球技术、战术训练，同时还可作为身体训练和恢复手段加以运用。但运用游戏训练法时，对游戏内容、形式的选择要有明确的目的，要根据训练的需要来安排和组织，游戏中要规定游戏规则，引导运动员运用已掌握的技战术动作进行练习。

第二章 高校篮球运动的育人价值

苏联著名教育实践家和教育理论家苏霍姆林斯基说过："我们力求使学生深信，由于经常的体育锻炼，不仅能发展身体的美和动作的和谐，而且能形成人的性格，锻炼意志力。"其中就提出了体育对于人的性格和意志力有着明显的影响。

叶澜教授在 2004 年的"新基础教育"发展性研究报告集中指出，"任何一门学科的教学，都要认真分析本学科对学生而言独特的发展价值，它除了指该学科领域所涉及的知识对学生的发展价值外，还应该包括服务于丰富学生对所处的变化着的世界的认识，为他们在这个世界中形成、实现自己的意愿提供不同的途径和独特的视角；学习该学科发现问题的方法和思维的策略、特有的运算符号和逻辑；提供一种唯有在这个学科的学习中才可能获得的经历和体验；提升独特的学科美的发现、欣赏和表现能力"。叶澜教授是我国著名教育家，现为华东师范大学终身教授、博士生导师，曾任华东师范大学教育系系主任、教育科学与技术学院院长、华东师范大学副校长，现任华东师范大学基础教育改革与发展研究所所长、华东师范大学学报（教育科学版）主编等职务。已出版的专著有《教育概论》《教育研究方法论初探》《"新基础教育"论——关于当代中国学校变革的探究与认识》等；是我国当下最著名的教育学权威人士之一，也是其首次对育人价值这一概念进行了详细的阐述和分类。

这一关于育人价值的概念和分类受到当前学术界的普遍认可，至少包括四个层面：一是该学科知识促进了学生的发展；二是该学科提供了认识世界的独特视角；三是该学科提供了思考问题的独特逻辑与独特思路；四是该学科提供了独特美的发现、体验与表现。概括来说，学科的育人价值包括学科知识、认识世界、思考逻辑和情感审美四方面，认识世界的方式与思考问题的逻辑在本质上是一致的，也就是人的思维。

第一节　篮球运动对大学生身体健康的影响

一、篮球运动对身体形态和机能的影响

世界卫生组织在 1978 年国际保健大会上通过的《阿拉木图宣言》重申了健康概念："健康不仅仅是没有疾病和痛苦，而是包括身体、心理和社会适应方面的完好状态。"从中可以看到，人的健康是由身体、心理和社会适应能力三大方面组成的。在身体健康方面，体育锻炼对身体形态和身体机能有重要的影响。为此，这里着重介绍通过篮球运动对大学生的身体形态、心血管系统机能和呼吸系统机能的影响。

（一）篮球运动对身体形态的影响

人体的形态是以骨骼为支架，关节为支点，肌肉为牵拉（收缩）动力进行的身体塑造。经常参加篮球运动，会对人体骨骼、肌肉和身体成分产生重要影响。

1. 篮球运动对人体骨骼的影响

骨骼是人体内最坚实而又具有一定弹性的组织。骨的表面有一层很薄的结缔组织，称为骨膜，骨膜下面是一层结构很坚实的骨密质，骨密质越厚，力量就越强。骨的里面有造血细胞和丰富的血管和神经，它具有修补骨骼的能力。在骨的内层和长骨两端是结构疏松的骨松质，骨松质的形态像海绵状，它由骨小梁纵横交错，接受力方向排列，以保持骨的坚固而又不过重。经常参加篮球

运动，人体通过不断奔跑、跳跃、急停和变向等动作，不仅促进了血液循环、增强了新陈代谢，而且有效地促进了骨的结构与功能的变化，使骨密度增高，骨小梁的排列受肌肉的强力牵拉和外力的刺激作用，更加规则有序，增强了骨的坚固性，韧带在骨骼上的附着部位、结节、粗隆和其他突起部位，变得更粗糙，这有利于肌肉和韧带更牢固地附着在骨骼上。这些变化都有利于骨骼承受更大的外力作用，提高了骨的抗扭、抗变、抗断和抗压能力。

经常参加篮球运动，不仅使骨骼变粗，还可以促进骨骼增长。人的身高是由骨骼发育成长决定的。经常参加篮球运动的青少年，比不爱运动的同龄人平均高几厘米。这是因为骨骼两端有软质的骨骺，这层骺软骨在新陈代谢的作用下，不断地骨化而变为硬骨，同时又不断增生新的软骨，促进了骨的加长。这种变化过程在儿童和青少年时期十分明显，一般到25岁左右骨骼才完全骨化，之后骨骼就停止增长了。

2. 篮球运动对人体肌肉的影响

骨骼肌通过收缩，围绕着关节拉动骨骼，产生人体的各种运动。因此，骨骼肌是实现人体运动的动力。研究证明，经常参加篮球运动可以使骨骼肌的形态、结构和功能发生一系列的适应性变化，具体表现在以下几方面：

（1）篮球运动可以增加肌肉体积

肌肉是由肌纤维（又称肌细胞）组成，肌细胞是肌肉活动的基本功能单位。实验证明，经常参加篮球运动可使肌纤维增粗，从而使整块肌肉体积增大。此外，耐力训练可使快肌纤维向慢肌纤维转化，也会使肌肉体积增加。

（2）篮球运动可以增强肌肉结缔组织

在篮球运动中通过肌肉反复地收缩和牵拉，不仅可以促进肌腱和韧带中的细胞增生，也可使肌外膜、肌末膜和肌内膜增厚，肌肉变得结实，抗牵拉强度提高，从而增强肌肉的抗断能力。

（3）篮球运动可以影响肌纤维的类型

篮球运动是一项集速度、力量、爆发力、耐力、灵敏性和柔韧性于一体的运动项目。篮球运动中表现出的力量对抗动作，可使肌纤维得到最大限度的发展，快肌纤维增粗明显。篮球运动中体现出的耐力，可使肌纤维中线粒体数量增加、体积增大。

（4）篮球运动可以影响肌群收缩的协调性

篮球运动中运动员经常需要快速起动、急停变向、攻防转换等技术。这些技术通过脚蹬碾和腰腹肌等发力，改变身体位置、方向和速度，使原动肌、对抗肌和固定肌共同收缩，相互配合，共同协调，以确保工作的完成，从而改善和提高了这些肌群的协调性，使肌肉收缩的效率得到充分发挥。

（5）篮球运动可以增强肌耐力

经常参加篮球运动，首先会使肌糖元含量增多，从而增加了肌肉内能源储备；其次也会使肌红蛋白含量增多，使肌肉中储存氧的能力大大提高，减少乳酸的生成，延缓运动性疲劳的产生；最后会使肌肉中线粒体数量增多、体积增大，肌肉中有氧氧化能力增强。研究发现，肌纤维中的毛细血管在篮球运动中开放的数量为安静时的 20~30 倍，这样可以加快肌肉中的血液循环，有利于肌肉进行长时间的紧张工作。

3. 篮球运动对身体成分的影响

身体成分主要是指人体的骨骼、肌肉和脂肪占人体总体重的比例。由于骨骼的比重比较稳定，肌肉的比重变化也不十分明显，变化最大的是脂肪部分。所以人们对身体成分的关注自然就落在了脂肪方面。体脂率是指人体内脂肪重量在人体总体重中的比例，又称为体脂百分数，它可以反映人体内脂肪含量的多少。正常成年人的体脂率分别是男 15%~18%，女 25%~28%。大学生经常参加篮球运动（而不是专业运动员的竞技运动），绝大多数都是有氧运动。有大量实验数据表明，有氧运动可以明显增加脂蛋白酶（LPL）的活性。脂蛋白酶活性的增加，可以促进运动中和运动后体内的脂肪分解，增加脂肪的利用率，促进肌肉发达有力，肌肉体积增大，体脂率下降，达到强身健体、保持健美体形的目的。此外，正常人骨骼肌重量约占体重的40%，经常参加篮球运动的人可达到45%~50%。男大学生通过长期的篮球运动训练，上臂皮脂、背部皮脂、腹部皮脂的厚度明显减少，胸围、腰围、大腿围和小腿围的指数都明显低于锻炼前，健身和健美效果明显。

（二）篮球运动对心血管系统机能的影响

1.篮球运动对心脏泵血功能的影响

（1）篮球运动能促进心肌收缩力增强

篮球竞赛是一项时间较长、强度较大的运动项目。在篮球运动中，运动员的心输出量保持在一个较高水平，使心肌合成代谢增强，心肌收缩蛋白增加，心肌纤维有不同程度的增粗肥大，心肌细胞的功能活动增强，同时毛细血管功能活动增强，有利于心肌运动时氧的弥散与营养物质的供应。研究表明，篮球运动可使心肌细胞内毛细血管分布与功能结构增多。心脏的这些结构与功能的变化，有利于心肌有氧氧化供能，使心力储备和心肌收缩功能增强，每搏输出量增多。

（2）篮球运动能使心腔容量扩大

运动时由于肌肉活动，需要消耗大量的氧气和营养物质，同时会产生较多的二氧化碳等代谢产物。为此，必须加快血液循环，输送氧料，带走代谢物，即加快新陈代谢。因此，经常参加篮球运动，会使心肌增厚，心腔容量扩大，包括左、右心室和左心房的增大，有利于每搏心输出量的增加。

（3）篮球运动有助于静脉回流量增多

人在进行篮球运动时，由于肌肉和关节的感觉神经传入冲动，使大脑皮质处于强烈的兴奋状态，迷走神经张力减弱而交感神经张力增高，促进肾上腺髓质分泌肾上腺素和去甲肾上腺素增多，使运动员的心搏加快、加强，腹腔内脏血管收缩，肌肉血管舒张，通过血液重新分配，使血液循环量增加。此外，由于肌肉血管舒张，外周阻力下降而继发性引起呼吸运动加强、胸膜腔内压增高，这些因素都有利于静脉血液回流，自然也有利于每搏心输出量的增加。

2.篮球运动对血液循环系统功能的影响

（1）篮球运动能使血管壁增厚

经常参加篮球运动有利于增厚动脉血管壁的中膜，并使平滑肌和弹性纤维增多。通常情况是大动脉的弹性纤维增长占优势，中等动脉的平滑肌细胞增长占优势。

（2）篮球运动有利于增加毛细血管的数量

研究发现，经常参加篮球运动，能使骨骼肌内的毛细血管分布的数量增加，这有利于提高器官的供血功能；还能使心脏周围毛细血管的数量增加，心室肌毛细血管密度增大，冠状动脉增粗，这有利于心肌的血液供应和对氧的利用。

（3）篮球运动有利于提高血氧饱和度

血氧饱和度是指血液中血红蛋白（Hb）与氧结合的程度。血液中 Hb 可以结合氧和解离氧，是人体必需的氧载体。血氧饱和度是反映血液运输氧的能力的重要指标。人体除了红细胞中的 Hb 可以运载氧之外，肌肉中的肌红蛋白也是一种含铁蛋白质，其性质与 Hb 一样。经常参加体育运动可以使血氧饱和度增高，肌红蛋白增加，机体内含氧量增强。

3.篮球运动对微循环系统功能的影响

通常情况下，骨骼肌中微循环的迂回通路只有 20%~30% 的真毛细血管处于开发状态，它的舒张和收缩功能主要与局部代谢物的积累有关。参加篮球运动时肌肉中的代谢产物会增多，这促使真毛细血管开放增多，有利于肌肉获得更多的氧，以满足机体代谢的需要。在直捷通路中，后微动脉和后微静脉更加吻合，血液流速增快，动静脉吻合支开放量增加，皮肤血流量增多。

（三）篮球运动对呼吸系统机能的影响

1. 篮球运动对肺活量的影响

（1）肺活量的含义

肺活量是指人体尽最大努力吸气后，尽力所能呼出的最大气量。肺活量有较大的个体差异，它与年龄、性别、体表面积、体位、呼吸肌力量，以及胸廓弹性等因素有关。肺活量反映了人一次通气的最大能力，是最常用的测定肺通气机能指标之一。

（2）篮球运动有利于增强肺活量

正常成年人男性的肺活量为 3500 毫升左右，女性约为 2500 毫升。经常参加篮球运动能使呼吸肌得到发展，胸围加大，呼吸深度加深，肺和胸廓弹性增强，安静时呼吸次数降低，肺活量增大。研究表明，篮球运动员的肺活量较常人要大，优秀运动员可达 7000 毫升左右。经常参加篮球运动的大学生，肺活量明显增加，有氧运动能力显著提高，这说明篮球运动对改善机体的生理机能有积极的影响。

2. 篮球运动对肺泡通气量的影响

（1）肺泡通气量的含义

肺泡是人体进行气体交换的主要场所。肺泡通气量是指每分钟吸入肺泡的新鲜空气量。在每次吸入的空气中，总会有滞留在呼吸道细支气管内的一部分气体，这部分气体是不能进行交换的，故称为解剖无效腔。如一名体重 70 公斤的男性，其解剖无效腔的容积约为 150 毫升，因此，从气体交换的角度讲，只有进入肺泡的气体才是有效的通气量，即肺泡通气量。所以要提高肺泡通气量，在运动时尽可能进行深而慢的呼吸，比浅而快的呼吸更好。

（2）篮球运动可以增加肺泡通气量

一般人在安静时每分钟呼吸 12~16 次，每次呼吸吸入的新鲜空气约 500 毫升，每分钟肺通气量为 6~8 升；而剧烈运动时呼吸次数可增加至每分钟 40~50 次，每次吸入空气达 2000 毫升以上，为安静时的 4~5 倍，每分钟肺通气量可高达 70~120 升。经常参加篮球运动可导致安静时呼吸深度增加，呼吸频率下降。在相同肺通气量的情况下，运动员的呼吸频率比无训练者要低，因为前者的肺泡通气量和气体交换频率增大，即肺通气效率更高。

3. 篮球运动对最大吸氧量的影响

（1）最大吸氧量的含义

人体大肌肉群经过长时间的激烈运动，心肺功能和肌肉利用氧的能力达到本人的极限水平时，单位时间所能摄取的氧量称为最大吸氧量，通常以每分钟为计算单位。最大吸氧量能够反映机体运输氧的工作能力，是评价人体有氧工作能力的重要指标。

（2）篮球运动可以增强最大吸氧量

人体通过呼吸系统摄取到氧气，再通过心血管系统把氧输送到组织器官。研究表明，经常参加篮球运动可以提高心脏的泵血功能、血液运输氧的能力和组织器官（主要是肌肉）利用氧的能力，还可以使肌肉中的毛细血管增加、线粒体数量增多和体积增大，促进静脉血液回流和有氧氧化酶的活性增加，并可提高肌红蛋白含量和最大吸氧量。

二、篮球运动对身体素质的影响

身体素质大致分为两大类：一类与普通人健康状况有密切的联系，我们称为身体健康素质；另一类与人的运动能力和竞技水平有密切的联系，我们称为身体运动素质。两者之间虽有密切联系，但对普通大学生来讲，毕竟是两个不同的问题，有必要分别论述。

（一）学生身体素质发展特征

在我国，学校按级别可以分为小学、中学和大学，学生的年龄为 7~23 岁，这个年龄范围涵盖了生理学上学龄儿童时期（7~12 岁）、少年时期（13~17 岁）和青年时期（18~25 岁），这一期间学生身体的各方面都处于不断发育的状态，这里仅对较容易受到体育运动影响的学生身体素质的发展进行综合性的阐述。运动生理学上把学生身体素质按照绝对力量、相对力量、速度力量、力量耐力、反应速度、步频、最高跑速、耐力素质和协调能力进行划分，以下将分别进行阐述。

1. 绝对力量的发展特点

儿童 7~9 岁为绝对力量发展的第一个阶段。因为在 7 岁后随着整个身体的生长和各器官、系统机能的发展，肌肉长度开始改变，相对力量有所提高。女孩绝对力量的自然发展从 10 岁开始，分为四个阶段：第一阶段，10~13 岁，力量增长的速度很快特别是屈肌的力量，绝对力量可提高 46%；第二阶段，13~15 岁，力量增长的速度明显下降，绝对力量只增加 8%；第三阶段，15~16 岁，力量增长 14%；第四阶段，16~21 岁，绝对力量增长缓慢，只增长 6%，接近最大力量。男孩在 10 岁以前与女孩差异不大，增长速度也较慢，从 11 岁起男孩和女孩出现差异，增长速度也开始加快。在 11~13 岁期间力量增长最快，18~25 岁力量增长缓慢，到 25 岁左右达到最大力量。

2. 相对力量的发展特点

对男、女孩来说，相对力量发展就较平缓，虽然绝对力量快速增长，但相对力量增长的速率并不大，甚至在个别年龄阶段，例如，从 12~14 岁，每年只增长 2%~3%。形成这种现象的原因有两个：第一，体重增长较快；第二，在身高增长的最快时期肌肉横断面增长缓慢。要增加相对力量可进行全面训练，通过改变肌肉重量与体重的比例，改善相对负荷与肌肉力量的相互关系，不使肌肉出现过度肥大情况，而提高相对力量。

3. 速度力量的发展特点

男、女孩在 7~13 岁速度力量增长都很快，13 岁后，男女之间的差别越来越大，男孩的增长速度大于女孩，到 16~21 岁时增长速度下降。在儿童时期，速度力量的发展与最大力量的发展相比，速度力量发展要快些和早些。所以，在儿童时期，发展速度力量可得到较好的效果。

男孩从 7~17 岁，力量耐力的发展呈直线上升。女孩 15 岁前是持续上升的，但 15 岁后则开始停止，甚至下降。

4. 反应速度的发展特点

儿童少年 6~12 岁反应速度大幅度提高，在 12 岁反应速度达到第一次高峰点。在性发育阶段，反应速度稍减慢。到 20 岁时出现第二次高峰点。

5. 步频的发展特点

儿童从 7 岁起步频自然增长，13 岁后下降。在阻力较小时，动作频率主要决定于协调性。因此，应在协调性最佳发展期进行增加步频的训练。6~13 岁是协调性发展的敏感期，所以，7~13 岁步频也随之自然增长。在此阶段，可对儿童少年进行提高步频的训练。

6. 最高跑速的发展特点

男女孩 7~13 岁期间跑的最高速度的发展几乎是平行的，从 13~16 岁期间男女之间开始产生差异，男孩持续增长，女孩落后于男孩。7~13 岁是提高跑速最快的时期，而 10~13 岁期间尤为突出，增长值最大。如果将男女性别分开，男孩在 8~13 岁、女孩在 9~12 岁增长最快。

7. 耐力素质的发展特点

男孩 10 岁时，耐力素质出现首次大幅度提高；13 岁时，再次出现较大幅度的提高；16 岁时，耐力有最本质的提高；15 岁时，男孩已进入性成熟期，此时耐力增长明显减慢。女孩 9 岁时，耐力素质出现首次大幅度的提高；12 岁时，耐力指标再次提高；14岁后，即进入性成熟期，耐力水平逐年降低；15~16岁，耐力水平下降最大，16岁后下降速度减慢。

8.协调能力的发展特点

儿童6~9岁是发展一般协调能力的最有利时期，9~14岁是发展专门协调能力的最有利时期。随着发育的成熟，从11~12岁开始素质训练，力量、速度和耐力能得到较快的发展。协调能力的自然发展在13~14岁（个别人到15岁）达到高峰。协调能力在学习技术动作的过程中可从灵活性、空间定位能力和节奏感等方面表现出来。

（二）篮球运动对身体健康素质的影响

身体健康素质是与普通大众健康状况有密切联系的一类身体素质，也有人称为健康体适能。它主要包括四方面内容，即有氧代谢能力、肌肉力量与肌耐力、身体柔韧性和体脂含量。

1.篮球运动对有氧代谢能力的影响

（1）有氧代谢能力的生理学基础

有氧代谢能力的生理学基础主要包括三方面。

首先是呼吸系统提供氧。呼吸系统由呼吸道和肺两部分组成。呼吸道主要功能是输送气体，肺部的细胞（肺泡）是进行气体交换的场所。篮球运动可以增加单位时间内气体呼出量，使呼吸肌得到发展、胸廓围度加大、呼吸深度加深、肺泡通气量增加。

其次是心血管系统输送氧。心血管系统由心脏和血管组成。心脏是血液循环的动力器官，它的收缩与舒张推动着血液在心血管系统中周而复始地流动。动脉是引导血液离心的血管，毛细血管是连接小动脉与小静脉之间的血管，也是血液与组织之间进行气体交换和物质交换的场所；静脉是引导血液回心的血管，把血液汇集到大静脉而流入心脏。

最后是组织器官利用氧和其他营养物质的能力。人体组织利用氧和营养物质的主要场所是在毛细血管中。毛细血管的口径非常小，为 8 μm 左右，仅能通过一个红细胞，血管壁也非常薄。血管壁薄、通透性大，血管中血液流动缓慢，有利于血管内血液与血管外组织进行物质交换活动。

（2）篮球运动时能量代谢的特点

一场篮球比赛的时间是 40 分钟，整个篮球比赛的过程（包括赛前的热身、赛中的暂停、犯规等停表时间）需要 70~90 分钟，整个篮球比赛是在紧张激烈的对抗条件下进行的。进攻队必须在 24 秒内完成一场进攻，这期间要做急停、摆脱、跳投、突破上篮、冲抢篮板球等动作；防守队要积极滑步、移动、顶、抢篮板球等动作。这些突然性的动作所需要的能量主要来自无氧代谢供能，以磷酸源系统（包括三磷酸腺苷，简称 ATP；磷酸肌酸，简称 CP）和糖酵解系统（又称乳酸能）为主。前者供能时间仅可持续几秒钟，后者供能时间也仅能持续十几秒，最多几十秒时间。所以，在篮球比赛中，一些连续的攻守转换、全场紧逼盯人等大强度的运动，往往会超过 15 秒以上，这时人体所需的能量主要靠乳酸供能系统来提供。但是就全场篮球运动而言，运动员平均要在篮球场上往返跑 180~200 次，有 5000~7000 米，其间有快速奔跑，也有中速跑，甚至是慢跑，所有这些跑都是根据战术需要决定的，尽管其中需要一定的无氧代谢供能，主要是指篮球竞赛中的技术动作，但是在整个篮球比赛过程中有氧供能系统的供能仍占主导地位，占供能总量的 70%~80%，其中以肌糖元有氧氧化为主。

（3）篮球运动可以提高有氧代谢能力

现代篮球比赛的运动负荷为高密度、大强度，最大强度时的心率可超过 210 次 / 分。由于比赛中经常会出现违例、犯规、换人和球出界等情况，使比赛暂时中断，场上运动员可以利用这些时间获得短暂的休整，心率可逐渐下降到 25 次 /10 秒左右，所以篮球比赛中大部分时间都是以有氧代谢供能为主，这可使场上运动员保持充沛的体力和旺盛的斗志。

作为普通大学生参加篮球运动或篮球比赛，运动强度要大大小于专业篮球运动员，其有氧代谢供量比例会更大，一般达到90%以上。因此，经常参加篮球运动可以有效提高肺泡通气量，提高呼吸效率，改善心血管系统机能，促进组织器官中氧化酶活性升高，增强利用氧的能力。

（4）有氧代谢能力的测试

目前国内外学者比较一致的观点是12分钟跑测试和3000米（男）或2400米（女）测试能有效地评价有氧代谢能力，而且方法简单易行，便于操作。它既可以作为一种测试手段，同时也是一种科学有效的锻炼方法。因此，高校体育应该把长跑运动作为评价在校大学生有氧运动能力的重要指标，同时可以利用考试的导向作用，推动广大学生积极参加有氧代谢运动，提高心肺功能。

2. 篮球运动对肌肉力量的影响

（1）篮球运动可以增强肌肉的绝对力量

经常参加篮球运动训练，可使骨骼肌组织增粗、力量增大。骨骼肌组织增粗与肌纤维增粗、肌原纤维增多和肌纤维数量增加有密切的关系。增加肌肉绝对力量（或称最大力量）的另一种途径是运动更多的运动单位。运动单位是指一个运动神经元（神经细胞）与它所支配的一组肌纤维（肌细胞）的总和。篮球运动是一项全身性的运动，运动强度有大有小，人体运动的幅度时大时小，这些都是在神经系统的支配下完成的。经常参加篮球运动，可使神经系统得到较好的适应与协调，逐渐降低或抵消机体的自身抑制机制，募集更多的肌纤维，动员更多的运动单位参与收缩，使相同的肌肉产生更大的肌力。

（2）篮球运动可以增强肌耐力

在日常生活和体育锻炼过程中，除了需要肌肉的绝对力量外，更多的是需要肌肉持续做功的能力，即肌耐力。肌纤维可分为快肌和慢肌两类，其中慢肌又叫红肌。红肌中含有较多的肌红蛋白，红肌发达的人，有氧耐力运动较好。篮球运动可以增强氧化酶的活性，从而引起红肌纤维增粗；还可以提高神经系统的调控能力、促进能量的节省化等。经常参加篮球运动，还可以使肌肉中三磷酸腺苷的含量增加，提高机体的供能量，促进肌肉中 CK 酶的活性提高、耐乳酸的能力增强，从而提高有氧氧化能力，提高肌肉的耐力，延长肌肉工作的时间。

（3）肌肉力量和肌耐力的测试指标

目前常用的测试指标有以下几种：

①蹲杠铃：两脚分开，与肩同宽，双肩负重杠铃，腰部挺直，双膝慢下蹲，至90°左右，快速挺起（膝关节伸直），可连续进行。大重量杠铃主要反映下肢肌肉的绝对力量；中等重量杠铃，多次负重下蹲主要反映下肢肌耐力。

②卧推杠铃：仰卧在卧推架上，双手抓紧杠铃杆，双臂肘关节做曲伸（肘关节至90°左右）动作。大重量杠铃是主要反映上肢肌肉的绝对力量；中小重量多次练习主要反映上肢肌耐力。

③握力：手握握力器，用最大力气握。它反映人的前臂和手部肌肉力的指标。握力与其他肌群的力量相关，是反映肌肉总体力量的一个很好指标。

④引体向上：引体向上是反映上肢力量有效的测试指标，同时也是一项锻炼上肢力量的有效练习方法，在锻炼过程中也能够磨炼人的意志品质。

⑤1分钟仰卧起坐：仰卧起坐是反映腰腹肌力量和肌耐力的测试指标，测试过程比较安全，所以成为评价女大学生腰腹肌力量和耐力的常用指标。

⑥俯卧撑：俯卧撑是反映手臂力量、胸大肌、三角肌和腹肌力量与耐力的测试指标，也是锻炼上肢和胸腹肌肉力量的常见练习方法。简便易行，因地制宜，可广泛开展。

3. 篮球运动对身体柔韧性的影响

（1）柔韧性素质的生理学基础

柔韧性素质是指人体关节活动幅度的大小，以及跨过关节的韧带、肌腱、肌肉、皮肤以及其他组织的弹性和伸展能力。

①关节活动幅度。它是指构成关节的骨骼在其关节结构内，做屈、伸、旋内、旋外和旋转的最大可能范围。关节活动幅度与关节解剖面的结构特点、关节周围组织的体积及胯关节的肌肉、肌腱、韧带等软组织的生理状况有关。

②肌肉和韧带的伸展性。肌肉和韧带组织的伸展性不仅取决于性别和年龄特征，而且与中枢神经系统的兴奋性有关（肌肉的伸展性还与肌肉的温度有关）。因此，认真做好准备活动，提高表面肌肉的温度，降低肌肉内部的黏滞度，有利于提高肌肉的伸展性和柔韧性。

③神经系统对骨骼肌的调节能力。这种调节能力主要表现在改善主动肌与对抗肌之间的协调关系，以及肌肉收缩与舒张之间的协调关系。如果协调能力好，则可以减少由于对抗肌紧张而产生的阻力，有利于增大运动幅度。此外，肌肉放松也能扩大动作幅度。

（2）柔韧性素质与体质健康之间的关系

经常参加篮球运动可以提高柔韧性素质，柔韧性素质与体质健康之间有一定的联系，主要表现在以下方面：

①改善柔韧性素质可以减少软组织损伤。经常参加篮球运动可以拉长肌肉韧带和结缔组织，一般不超过关节伸展的限度，并要有意识地放松对抗肌群，改善柔韧性。人体在剧烈活动前要与准备活动相结合，通过准备活动提高体温，降低肌肉黏滞性，提高其伸展性，从而减少运动损伤。

②柔韧性素质与腰腿痛有密切的关系。柔韧性通常被认为是体能的一种组成成分而非健康因素。一个健康人能够自由灵活地做出各种动作，必须具备基本的柔韧性。腰腿疼痛性疾病是临床上常见的疾病，产生腰腿痛的原因很多，除少数患者为急性外伤引起外，大多数都是因慢性劳损、退变和柔韧性素质下降而引起的。当柔韧性素质下降，加上腰椎瞬间过度伸展或旋转时，可破坏腰部平衡，引起腰部肌肉、韧带、关节等组织损伤。因此，当我们行走、劳动、

负重和体育锻炼时，要注意对腰部肌肉、韧带、椎间盘的保护，防止柔韧性素质的下降，减少腰腿痛的发生。

③柔韧性是反映人体老化的主要指标。柔韧性是身体素质之一，它反映了人体各关节最大活动的能力。中老年人由于生理老化而使关节、骨骼、肌肉和韧带都容易发生退行性变化，功能减退，因而使机体的柔韧性变差，容易使人体活动功能下降。因此，柔韧性素质是反映人体老化的重要指标。

（3）篮球运动可以改善身体的柔韧性

篮球运动中的跑、跳、投、传每一个动作，都需要全身的参与。运动员在场上的位置不同，对全身各关节柔韧性的要求也不相同。所以经常参加篮球运动可以有效改善身体的柔韧性。

在进行身体柔韧性练习时，可采用动力性和静力性拉伸练习方法，注意用力不宜过猛，以防伤害事故发生。在改善柔韧性练习时，还可以把动力性和静力性练习结合起来，把主动练习和被动练习结合起来，可得到更好的效果。柔韧性的测试方法目前主要采用坐位体前屈项目。

（三）篮球运动对身体运动素质的影响

身体运动素质是指与人的运动能力和竞技水平有密切关系的身体素质，它主要包括力量素质、速度素质、耐力素质、弹跳力素质和灵敏素质等。

1.篮球运动可以提高力量和弹跳力素质

（1）力量素质在篮球运动中的作用

力量素质是篮球运动员的首要素质。首先，篮球运动的各项技术动作都是建立在一定的力量素质条件下进行的；其次，篮球运动是一项紧张激烈、直接对抗的体育运动，在身体接触和碰撞过程中，力量素质经常起到关键作用。所以，力量训练是篮球运动员身体训练的重要组成部分，是提高竞技水平的基础。

（2）篮球运动能提高力量素质

篮球运动员在训练和比赛中经常要进行跑、跳、投、抢等进攻和防守动作，为了使自己跑得快、跳得高，运动员需要充分利用大肌群的力。通过腿、臂、肩、背、腰，以及整个躯干各肌群有机的协调配合，产生最佳的做功效果。因此，经常参加篮球运动可以提高力量素质。

（3）弹跳力素质在篮球运动中的重要作用

弹跳力素质是指通过下肢力量和全身协调用力，使人体迅速弹起腾空的能力。弹跳力素质是由力量素质和速度素质相结合派生出的一种综合性身体素质。它是篮球运动员重要的专项素质，对争夺篮球场上的制空权，掌握篮球比赛的主动权，激发拼搏精神和鼓舞士气具有重要作用。

（4）篮球运动能提高弹跳力素质

在篮球比赛中，运动员为了更好地完成各项任务，弹跳力成为不可缺少的一种素质。一场普通的篮球比赛，以双方投篮命中率为40%计算，双方将会出现近100次争夺篮板球的机会。争抢前后场篮板球，不仅可以增加进攻机会，减少对方的进攻次数，而且可以提高士气、振奋精神。篮球运动员为了适应比赛的需要，必须不断提高弹跳力素质。

（5）发展力量和弹跳力素质的练习方法

首先，负重练习是发展力量和弹跳力素质的首选。负重练习可以是肩负杠铃做半蹲式或全蹲练习，也可以身穿加重背心或腿绑沙袋做深蹲跳或跳绳。其次，采用跳深练习也是发展下肢爆发力的好方式。跳深练习是指从一定高度（跳箱）跳下，落地后即刻向前上方跳起的动作。它训练的是由被动缓冲的离心收缩，快速地转换成向心收缩的爆发力，在训练中应力求缩短转换时间。

2.篮球运动可以提高速度和爆发力素质

（1）篮球运动可以提高反应速度

反应速度是指人对各种刺激（声、光、触等）快速应答的能力。这种能力取决于信号通过神经传导所需时间的长短，即机体的感受器官感受到刺激时，由神经元传入中枢神经，再由中枢神经发出指令，经运动神经元传出至肌肉，通过肌肉收缩产生运动。在这一连串的运动过程中又称为反应时。反应时长，则反应速度慢；反应时短，则反应速度快。篮球运动员在看到场上的各种变化时，迅速做出准确的判断，并做出相应的技术动作，这就是良好的反应速度。经常参加篮球运动可以提高感受器的敏感程度，缩短各种信号传导的时间，提高中枢神经系统的兴奋性，使反应时间缩短。

（2）篮球运动可以加快位移速度

位移速度是指在周期性运动中及单位时间内人体快速位移距离的能力。位移速度是指通过肌肉系统快速活动形式在最短的单位时间内完成动作。例如，篮球运动员的攻防转换、运球上篮的速度、长传快攻的跑动速度等，都可使神经兴奋与抑制过程的灵活性提高、转换能力增强、双脚频率增快、位移速度加快。当兴奋强度大、传递速度快、协调性能好时，动作速度也必然快。此外，动作速度的快慢还与人体的准备状态、力量大小、速度耐力水平和动作熟练程度有关。

（3）篮球运动可以加快起动速度和提高爆发力素质

篮球场上的突然起动、堵、截、抢断、快攻和投篮等都需要起动速度，往往起动瞬间的快慢就决定了后面动作的成败。篮球运动员通过各种快速、灵活和突变的脚步动作，使身体的位置、方向和速度发生变化，达到进攻时摆脱防守、防守时防住对手的目的，所以经常参加篮球锻炼可以提高起动速度。

爆发力素质与速度素质和力量素质有非常密切的关系。影响爆发力素质发展的主要因素，一是神经过程的强度和速度。神经过程强度越强，神经系统向肌肉发放的冲动和频率越强，肌肉被动用的运动单位数量越多，产生的力量就会越大。二是白肌纤维的数量与比例。白肌纤维具有直径大、收缩速度快、收缩力量强的特点，是爆发力素质的主要物质基础。所以如果白肌纤维比例大、数量多，它所表现出的爆发力水平就高。白肌纤维的数量和比例与遗传因素有密切关系。

3. 篮球运动可以提高耐力素质

（1）速度耐力素质在篮球运动中的重要作用

速度耐力是指在大强度运动中持续工作的能力。篮球比赛40分钟，攻防节奏不断变化，运动员要在强度大、变化多、对抗性强的状态下进行时间与空间、速度与高度的争夺。每个回合的跑、跳、投、抢等快速动作绝大多数都是在无氧状态下进行，所以篮球运动员需要良好的无氧代谢能力。由于篮球比赛中经常会出现球出界、违例、犯规、暂停和换人等现象，短暂的调整期为运动员提供了减少"氧债"的机会，所以从整场篮球比赛过程看，运动员的有氧代谢运动占主体。因此，篮球运动是一项既需要速度素质又需要耐力素质的高强度和高对抗的运动。

（2）篮球运动可以提高速度耐力素质

篮球比赛是一项长时间高、中、低强度，重复交替进行的非周期性运动项目，其运动形式和能量供应特点与周期性运动项目有很大的差别。运动员需要具备长时间反复进行短距离和高强度的运动能力。长时间是指比赛的总时间长，一般是每天一场比赛，连续数日；短距离和高强度的运动是指各种急起、急停、滑步与跳跃等脚步动作，这些动作往往距离短，但都属于爆发式的极限强度运动；反复是指上述极限强度运动在一场比赛中需要重复100多次，所以经常参加篮球运动能提高速度耐力素质。

（3）一般耐力素质在篮球运动中的重要作用

研究发现，篮球比赛中运动员有氧供能平均占70%~80%，无氧供能平均占20%~30%。一场篮球比赛，运动员跑动的距离在5000~7000米，比赛时间长，高、中、低强度反复交替进行。因此篮球运动员的供能方式是有氧代谢为主、无氧代谢为辅。这就要求篮球运动员具备良好的一般耐力素质，以及耐乳酸的能力。

（4）篮球运动可以提高一般耐力素质

经常参加篮球运动能使机体有氧氧化能力明显提高，血乳酸清除能力增强，机体对血乳酸的耐受力得到提高。现代医学证明，长期参加篮球运动训练可以促使人体心血管系统的形态、机能和调节能力产生良好的适应性，呼吸系统的功能得到明显改善，从而提高人体的工作能力。运动实践证明，经常参加篮球运动有利于发展一般耐力素质。

4. 篮球运动可以提高灵敏素质

（1）灵敏素质的含义

灵敏素质是指人体在各种复杂、突变的情况下，快速、准确、协调和灵活地完成动作的能力。灵敏素质是运动技能和各种身体素质在运动中的综合表现，是一种综合性身体素质。它有助于掌握和运用各种复杂的技术和战术，提高应变能力，是篮球运动进入较高水平时必须具备的一项身体素质。

（2）灵敏素质在篮球运动中的重要作用

灵敏素质建立在各种运动素质基础上，它涉及各种素质的发展敏感期，所以发展灵敏素质要通过各种有关素质的良好发展，建立雄厚的运动技能储备，再经过综合发展，运用到篮球运动技能中，从而适应篮球运动所具有的快速反应、及时应变、动作敏捷等特点，并提高篮球比赛的对抗性和可观赏性。同时，经常参加篮球运动，使运动员经常处在快速复杂和多变的环境中进行锻炼，促进运动员不断适应这种快速多变的对抗性运动，这样就能提高人体的灵敏素质。

5. 篮球运动可以提高柔韧性

（1）柔韧性的含义

柔韧性是指人的各个关节的活动幅度、肌肉和韧带的伸展能力。柔韧性的好坏关系到运动员灵活性的高低，同时也是影响运动员伤病率的主要因素之一。篮球运动综合性强，身体各个部位和关节往往需要进行大幅度伸展和急速地收缩变化，要求关节韧带既要被拉伸又要有很好的弹性，特别是手指、手腕、肩、腰、踝和腿部的柔韧性。

（2）柔韧性在篮球中的重要作用

篮球运动是集刚、柔于一体的运动，柔韧性就是篮球之柔的体现，就像橡皮筋一样既能很大地舒展又能迅速回弹，篮球场上的舒展美是柔韧性的最好体现，变向的幅度、投篮的手指手腕灵活、扣篮和盖帽时身体的充分舒展、空中的躲闪等都需要良好的柔韧性，同时优秀运动员在出现被动的反关节动作和过度伸展时不容易出现扭伤和拉伤的情况也是良好柔韧性的保护。

长期从事篮球运动可以有效地增加人的关节韧带和肌肉的柔韧性，主要益处在于可以较有效地保护肌肉和关节避免受到伤害，并且增加关节的灵活性。

总之，从篮球运动对运动员身体素质的各项要求并结合一些实际案例，我们反推出了长期从事篮球运动能够很好地促进人的骨骼和肌肉生长，以及心血管功能和各项身体机能的提高，对于人的身体素质是有综合性提高价值的。

第二节　篮球运动对大学生智力思维的影响

一、提升大学生的智力水平

古希腊格言说："如果你想强壮，跑步吧！如果你想健美，跑步吧！如果你想聪明，跑步吧！"著名教育家斯宾塞说："身体是心智的基础，发展心智不能使身体吃亏。"可见，体育锻炼对于人智力的积极影响是得到公认的。传统体育认知出现过认为体育项目是纯粹的身体表现，与人的智力和精神状态无关，体育人也长时间被误解为"四肢发达头脑简单"的形象。这类观点在现代体育发展不断成熟的过程中已经被认为是极为错误的，很多体育项目尤其是团体类项目如足球、篮球、排球等都对参与者的智商有较高的要求。反之，从事体育锻炼到底是会降低还是提高智力水平或者没有影响等问题也被现代科学研究者不断深入研究，大量的研究表明适当的体育锻炼是有助于智力发展的。

篮球运动作为体育运动中趣味性最强、复杂性最高的项目之一，对球员的智力水平一直有着较高的要求，2009年，全美著名智商研究网站"IQ测试网"曾经对NBA球员的智商进行了测试，姚明的智商高达132，而奥尼尔的数值是131，科比、詹姆斯、凯文·加内特则分别是128、126、126，这些都是联盟公认的篮球智商比较高的球员，普通人智商范围则在80~120之间，而且测试也表明很多优秀篮球运动员都拥有较高的智商指数，可以看出较高智商是成为一名优秀篮球运动员的必备条件，这也是篮球运动本质要求的体现。

这里即是结合"多元智力理论"和篮球运动的本质规律来分析从事篮球运动对于学生智力发展的影响。

（一）多元智力理论

多元智力理论又叫"多元智能理论"。传统的智力理论认为，人类的认知是一元的，个体的智能是单一的、可量化的，而美国教育家、心理学家霍华德·加德纳在1983年出版的《智力的结构》一书中提出，"智力是在某种社会或文化环境或文化环境的价值标准下，个体用以解决自己遇到的真正的难题或生产及创造出有效产品所需要的能力"。每个人都至少具备语言智力、数理逻辑智力、音乐智力、空间智力、身体智力、人际交往智力和自我认知智力，后来，加德纳又添加了自然主义智力和存在主义智力。这一理论被称为多元智力理论。

多元智力理论的基本性质就是多元化，认为智力不是一种而是一组能力的组合体，其基本结构也是多元的，各种能力之间是相对独立的，而不是以整体的形式出现，而每项能力的促进方式也是各不相同，主要包括言语—语言智力、音乐—节奏智力、逻辑—数理智力、视觉—空间智力、身体—动觉智力、自知—自省智力、交往—交流智力、自然观察智力、存在智力。

从理论上说，任何人都有上述的 9 种智力，也就是基本智力，而这些基本智力之间的组合结构也是每个人智力差异的体现，在教育过程中为了促进智力的发展也可以从整体或者针对性的教育和训练来进行。

（二）篮球运动对智力发展的影响

篮球运动复杂多变，涉猎广泛，包括体育、艺术、科学、经济等多个领域，下面就分别分析从事篮球运动对于 9 种基本智力发展的影响。

1. 言语—语言智力

言语—语言智力是指人进行语言、文字表达和交流能力，如演讲、写作、辩论等，多见于演讲家、作家、记者、政治领袖等。篮球运动相对于田径、网球等单项或者单纯比快比远的体育项目对于运动员的交流能力有较高的要求。队员之间在场上互相通过语言交流进行协调，教练员通过讲述战术思想为队员安排战术，运动员在学习技战术时也需要教练员通过语言描述来明白和掌握技战术的要领和精髓，比赛中队员甚至会用语言刺激如"垃圾话"来影响对手的心理状态，观众和主持人也会通过语言刺激和呐喊来鼓舞己方士气和打乱对方节奏等。但是这种语言表达相对简单直白，缺乏艺术性和美感，常见于术语和基本词汇，不讲究语法规则和技巧，甚至略显"粗鲁"。所以篮球运动对于人的语言智力发展应是见效于细节表达和精准性、逻辑性表达，而对于语言艺术和技巧没有过多影响，对于写作能力更是缺乏，涉及层面较浅，总体来说对于用语言智力的发展影响有限。

2. 音乐—节奏智力

音乐—节奏智力指的是人对于音乐的辨别、感受、改变、记忆和表达的能力，常见于歌唱家、作曲家、演奏家等。现代篮球虽然融入了美国黑人街头篮球文化，有了音乐的元素尤其是节奏感很强的 RAP 等音乐形式，在比赛中也会通过音乐的播放来提升士气或者干扰节奏等，但是音乐并不存在于篮球运动的本质规律中，更多的是为了增加娱乐性而加入的元素，两者间并没有必然的联系，所以从事篮球运动并不能对人的音乐智力有明显提升的效果。

3. 逻辑—数理智力

逻辑—数理智力是指运算和推理的能力，表现在对于事物之间的联系、发展规律、各种关系的类比、因果和逻辑关系之间的敏感程度。这类能力最多见于各种物理学家、数学家等各种理工科人才，同时在侦探、律师、军事家、管理者等行业也有较高体现。篮球比赛就好像一场战役，双方为了胜利斗智斗勇，教练员需要随时分析和把控场上局势及时做出人员和战术调整，队员在场上需要随机应变考虑如何去实施战术和应对突发情况。这期间需要分析大量的数据，比如，赛前对对手的阵容打法特点进行分析制订应对方案、场上对于突发状况要选择最合理的处理方式等，这些行动都需要很强的逻辑思考能力来支持，才能保证在比赛中甚至整个赛季占据有利形势。所以说，从事篮球活动是有利于人的逻辑性发展的，并且在竞争中还能不断地提高，效果应该是比较显著的。

4. 视觉—空间智力

视觉—空间智力是指感受、辨别、记忆和改变物体的空间关系借此表达情感的能力，表现在对于线条、颜色、形状、结构和空间的敏感性，常见于画家、雕塑家、建筑师、航海家、军事战略家等。篮球运动是具备一定的空间性的，而且这也是篮球战术的根本所在，就是通过跑动、传球和掩护等动作和配合寻找到使球可以进入篮筐的空间和机会，包括地面和空中空间。比赛场上就是双方队员的攻防大战，进攻方不断寻找和创造空间进行投篮，而防守方就想方设法限制空间保护篮筐，所谓的投篮机会，就是对于防守方防守阵型的击破，也就是通常所说的"撕破对方的防守阵型"。战术和比赛中常说的如何去利用比赛场上的空间就是最好的证明篮球运动与空间智力的紧密联系。长期从事篮球运动必然增加人们对于空间的理解和感受，对于空间智力有一定提升作用。

5. 身体—动觉智力

身体—动觉智力就是对于身体的控制能力，常见于运动员、舞蹈家、外科医生等。篮球运动本身就是体育运动，对于人们的身体直立必然是有极大促进作用的，而且是非常全面的促进作用。

6. 自知—自省智力

自知—自省智力指认识洞察和反省自身的能力，表现为能够正确认识自身行为动机、情感、欲望等，并且可以正确地建立自尊、自律和自制的能力，常见于哲学家和思想家等。篮球运动员需要对自身的技战术能力有充分的了解，并且要明白打球和比赛的目的所在，这样才能调节自身比赛状态和技术发挥。每一次攻防、每一场比赛结束后都需要进行反思和总结，好则取之，坏则改之，这样才能不断进步，保持竞技状态，而对打球和比赛目的的情形认识则决定着运动员的比赛积极性。所以自知、自省是始终贯穿于篮球运动的训练和比赛的，长期从事篮球运动对于人的自知自省智力是有很好的推动作用的。

7. 交往—交流智力

交往—交流智力是指人与人之间的相处、交往能力，表现为察觉、体验他人情绪并做出适当反应的能力，也就是情商，这种智力在主持人、政治家、教师、公关人员等身上有较突出的表现。区别于语言智力，交流智力强调了两人或者多人的沟通，尤其是直接的沟通，这和篮球运动是紧密相连的。篮球是团体性项目，有团体就要有配合，有配合就要有交流，队友之间的交流程度决定着默契性的高低，团队之间的有效交流可以有效地提高团队向心力和凝聚力，这对一支球队而言是非常重要的。篮球从业者要始终处于各种交流之中，教练和队员、队员和队员、首发和首发、首发和替补、队员和管理者、教练和管理者、队员和记者等，长时间的经历必然对人的交流智力有很大的提升作用。

8. 自然观察智力

自然观察智力是指认识世界、适应世界的能力，是一种在自然世界里辨别差异的能力，如植物区系和动物区系、地质特征和气候。对我们身处的这个大自然环境的规律认知，如历史、人体构造、季节变化、方向的确立，磁极的存在，感知灵性空间的超自然科学能力，能适应不同环境的生存能力。篮球运动是一种社会活动，并且是相对狭隘的社会活动，结构比较单一，并且和自然环境的关系不大，所以基本上对于人的自然观察智力没有太大影响。

9. 存在智力

存在智力是指陈述、思考有关生与死和终极世界的倾向性，即人们的生存方式及其潜在的能力。如人为何要到地球上来，在人类出现之前地球是怎样的，在另外的星球上生命是怎样的，以及动物之间是否能相互理解等。这类智力的发展基本上和篮球运动没有任何关系。

篮球运动对于人智力水平的提升能力可以按照影响力的大小分为3个层次，第一层是身体智力、交流智力和自知自省智力等，这些智力始终贯穿于篮球活动并且关系密切，所以对其有较大的提升价值；第二层是语言智力、逻辑智力和空间智力，这些智力与篮球运动的关系处于交错状态，篮球运动只对这些智力的一部分有影响，并且不是贯穿始终，所以影响力适中，提升能力较弱；第三层是音乐智力、自然观察智力和存在智力，这类智力和篮球运动的关系甚微，从事篮球运动对其并没有直接的影响。

二、提高学生思维能力

卢梭曾说过："散步促进我的思想。我的身体必须不断运动，脑筋才会开动起来。"可见，适度的运动可以促进大脑思维的运转。

思维是指人用头脑进行逻辑推导的属性、能力和过程。思维能力是通过分析、综合、概括、抽象、比较、具体化和系统化等一系列过程，对感性材料进行加工并转化为理性认识及解决问题的能力，包括理解力、分析力、综合力、比较力、概括力、抽象力、推理力、论证力、判断力等能力。思维的发展受到身体和大脑的多方面影响。体育运动曾被误解为"纯粹的身体活动和机械的动作"，多年来被认为与大脑思维关系细微甚至无关，随着现代体育的发展，研究证明，体育运动是身体和大脑的有效结合，任何技巧都需要大脑的参与和支配，而且从事体育运动也可以对大脑的思维能力有一定的提升，尤其是团体运动的发展和战术的增多更是对运动员的思维能力要求大大增加。篮球运动技术繁多，战术变化莫测，更是有诸多规则限制和约束，运动员在场上随时都要保持大脑的高速运转，对多方位、全角度传来的信息进行思考和分析，结合自身能力和知识进行实时判断，长期从事篮球运动对于学生的思维发展是很有帮助的。以下将分别分析篮球技术和战术方面对思维能力的提升效果和体现。

（一）学习和使用篮球技术对思维能力提升的体现

篮球技术看似简单实则复杂，每一个技术都由很多的环节组成，每个环节都有其独特的要求和方法。比如，单手肩上投篮技术，这是篮球技术中最基本也是最常用的技术之一，学生在学习这项技术的时候要了解这是一项得分技术，动作组成结构复杂，场上运用情况多变，要学习和运用好这项技术就需要球员具有一定的思维能力。

首先，球员需要对这项技术有充分的理解，了解此项技术的构成要素、关键动作、使用方法和情况等。单手肩上投篮技术由蹬地技巧、持球技巧、发力技巧、推球技巧、压腕拨指技巧等多方面组成，其中关键动作在于压腕拨指。那么球员在学习过程中需要理解为什么有这么多技巧、每一个技巧又发挥着什么样的作用、为什么压腕拨指是其中的关键技巧等，只有对这些都进行了充分的理解，球员才能准确地学习训练每一个技术点，从而尽可能掌握这项技术。而在练习技术中球员需要不断比较自身优质和劣质动作以及自己和别人动作的区别，来发现自己动作中存在的不足、缺陷和错误并加以改正。

其次，球员需要分析场上情况，通过对防守人和自身的位置来判断是否该使用这项技术，如何针对不同位置调整自己的投篮动作和力量，比如，距离篮筐不同距离需要的发力程度和投篮角度都有不同的要求，投空心篮和投打板篮多手型的要求就有区别等。球员往往需要在短时间内观察到场上情况并且综合分析出结果，然后做出最优质的判断。

单手肩上投篮是篮球技术中最基本的技术之一，其学习和运动如此复杂，需要球员大脑思维的理解力、分析力、综合力和判断力等诸多能力的参与。篮球技术种类繁多，在长期学习众多技术以及根据场上复杂情况短时间内判断该用哪项技术和如何使用的过程中，球员的思维能力不停地得到锻炼，对于其思维发展是十分有利的。

（二）学习和使用篮球战术对思维能力提升的体现

"两三个人的叫配合，五个人参与的才叫战术"，这句话就体现了篮球战术的复杂性，相比于篮球技术的学习和运用对于思维能力的要求和锻炼高了不止一筹。技术是战术实施的保证也是基础，优秀篮球运动员在具备学习运动技术的思维能力基础上才可以进一步对战术进行理解运用。

学习战术首先要分析和理解战术，一项最基本的进攻战术也要由落位、跑动、传接球、掩护、突破、攻篮等组成。球员在对既定战术进行分析后进行深刻理解，明白战术的最终目的和基本运转方式，首先有了理论基础然后进行具体演练，从而巩固和加深对战术的理解和记忆。而更加复杂的战术则会假设对手的防守情况，根据想象和推理来做出诸多的应变准备，同样战术体系内如出现了错位防守、掩护失败、传球时机错误、防守队员就位意外等情况，在对这些进行尽可能的充分考虑后学习的战术就会呈现一种有一定的宗旨但是变化很多的状态，对于球员的理解分析能力要求就更高。

而最需要球员强大思维能力支撑的无疑是战术的运用，篮球比赛变化莫测，教练员只能预先安排战术，但是无法直接参与，球员带着安排好的战术比赛却要根据场上情况自己做出判断。场上任何一个队员无论是否持球，在进行战术运转时都可能遇到意外变化，而在此时就需要球员根据自己对于场上情况的综合分析和自身经验进行瞬间的判断，如何完成战术运转或者是否需要改变战术。进行篮球运动就需要对篮球战术不断地学习和运动，面对复杂的战术和场上情况，球员需要不断地对自己进行思维能力的锻炼和提升，以便更好地理解战术、更多地记忆战术、更迅速地分析情况以及更准确地做出判断等，从而不断提升其思维能力。

思维能力是学生时代应着重培养的主要能力之一，相比于文化课的学习和传统教育模式对学生思维能力的培养作用，篮球运动显得更为实用化，无论是技战术的学习、运用还是篮球比赛都使学生身体和大脑相结合，对其思维能力进行独特的提升以及开辟一条特殊的路线方式，尤其对学生的观察分析力、想象力和判断力有着特殊的提升作用。

第三节　篮球运动对大学生心理健康的影响

当今社会竞争越来越激烈，人们面临的心理压力呈现出复杂化和多样化趋势。未来世界的竞争主要是人才的竞争，新时代的大学生不仅要有良好的体质、扎实的专业素质，还要注重培养良好的心理素质与个性心理，以适应社会快速发展的需要。在这方面篮球运动会起到特殊作用。

一、篮球运动有助于创造良好的情绪体验

情绪状态是衡量体育锻炼对心理健康影响的最主要的指标。人生活在错综复杂的社会中，经常会产生忧愁、紧张、压抑等情绪反应。篮球运动可以转移个体不愉快的意识、情绪和行为，不仅可以使人摆脱烦恼和痛苦，而且能够给人带来快乐和成功感。

（一）篮球运动有助于体验身体运动带来的快感

篮球运动是一项高强度、高密度的对抗性体验运动，运动员在跑、跳、投、抢过程中不仅会消耗大量的能量，而且在剧烈的运动中能体验到身体运动时的快感。我们经常会看到很多青少年篮球运动爱好者，他们自发地聚集在篮球场上，久久不愿离开，最后尽管每个人都是拼得筋疲力尽、大汗淋漓，但都会感到兴奋和愉快。这种兴奋和愉快就是通过身体剧烈运动，特别是经历激烈的身体接触与碰撞的刺激，尽情地释放出人类攻击性的本能，在这个过程中所激发出的极度兴奋性，使运动员或参与者会忘记疲劳、忘记伤痛、忘记一切烦心事，完全沉浸在兴奋和快乐之中。只有经历过这种运动体验的人，才能真正享受到身体对抗运动时带来的情绪体验。

（二）篮球运动有助于体验成功和成就感

篮球比赛过程中，运动员不论是进攻还是防守，他们都是通过自己的身体素质、运用技巧战术和心理素质与对手较量。在篮球运动的对抗中，运动员通过娴熟的运球、果断的突破、巧妙的传球、准确的投篮，或突然的抢断、默契的夹击、严密的封盖，在篮球规则允许的范围内攻击对手，或摆脱对手，直至战胜对手，取得胜利。这种成功可以是全队取得比赛的最后胜利，也可以是全队打出了风格、打出了水平，还可以是个体本身的自我超越，它们都能够使运动者充分体验到"巅峰时刻"带来的成功和喜悦，还有自信和成就感。这种成功的体验往往使人终身难忘，它不仅可以丰富人们的生活内容，提高生活质量，而且能够影响青年人的学习和工作态度。

（三）篮球运动有助于体验人际交流时的愉悦感

人际交流是指社会活动中，人与人之间进行信息交流和情感沟通的联系过程。篮球运动是一项集体运动，参与者之间不仅仅是简单的身体的接触与交往，还能够增加人与人之间接触和交往的机会。例如，队友们在对待传球的时机和方式、投篮的位置和机会、掩护配合的时机和卡位、夹击的位置和默契等问题时，必须进行交流。这种交流是篮球运动中所特有的交流形式，它会逐步转化成队友之间的人际交流和社会交流。这种交流可以不受运动者身份（职业、职务、信仰、民族和年龄等）的影响，交流形式非常自然。通过队友之间的自然交流，有利于相互之间的进一步沟通，协调人际关系，联络感情，愉悦身心，增加群体的认同感。因此，篮球运动有助于体验人际交流的愉悦感。

二、篮球运动有助于减轻不良的焦虑状态

焦虑是一种对当前或未来的威胁产生的恐惧和不安而形成的消极情绪状态。这种消极情绪状态持续时间长，会给人带来很大的痛苦。

（一）篮球运动有助于疏导不良的情绪状态

在人体中枢神经系统中存在一种"优势兴奋灶"的现象，即某一中枢受到较强的刺激时，就会在相应区域形成一个兴奋灶。当这个兴奋中心的兴奋水平强于周围的兴奋点时，它不但可以"吸引"周围中枢扩散而来的兴奋点，提高其兴奋中心的兴奋水平，而且能对邻近的中枢产生抑制作用。例如，我们在全神贯注思考某一问题时，会出现"视而不见，听而未闻"的现象。这说明某一中枢高度的兴奋，形成了强烈的"优势兴奋灶"，它抑制了相应的视、听中枢。目前许多大学生常会因为相互间的竞争、情感方面的失控、学习或家庭方面的巨大心理压力等因素，产生持续的焦虑情绪。当其他心理辅导措施都难以奏效时，体育锻炼可以有效减轻焦虑症状。因为身体运动会在运动中枢形成强烈的"优势兴奋灶"，它的兴奋水平要明显高于其他任何兴奋中心。所以这个"优势兴奋灶"会对其他中枢产生抑制，降低了其他兴奋灶的兴奋水平（这是一种保护性抑制），这就是体育运动可以消除心理疲劳和不良情绪状态的生理机制。通过参加篮球运动，不仅有助于宣泄运动者消极的心理能量，形成"优势兴奋灶"，而且通过篮球运动所特有的交流形式，经过自然的沟通，可以增进理解，疏导不良的情绪状态，缓解焦虑和抑郁症状。

（二）篮球运动有助于调节紧张的人际关系

人际交往是一种以个人为对象，彼此联络感情，协调关系，寻求心理需要满足的活动方式和活动过程。复杂的人类社会是人际关系的网络系统，人际交往是将个人与个人、个人与群体联结成社会网络必不可少的纽带。正常的人际交往可以获得他人的支持和帮助，可以减轻失望的痛苦和悲伤。所以不断提高个人的人际交往能力是培养健康心理的有效途径。

由于篮球运动是集体运动项目，它具有明显的团队协作性特点，使参与者在全队训练与比赛过程中必须进行各种形式的沟通（包括语言、手势和表情等）。这就为大学生参加篮球运动提供了队友之间自然接触、自然交流的机会。通过进一步沟通，不仅可以增进理解，促进相互信任、相互鼓励，调节情绪，振奋精神，增加愉悦感，而且这种积极的情绪状态可以使人自信、自尊、自豪、自强，并使烦恼、焦虑、抑郁、自卑等不良情绪得以缓解甚至是解除。因此，经常参加篮球运动，有利于青年人心胸开阔，融洽人际关系，提高幸福指数，培养良好的心境。

三、篮球运动有助于塑造健全的人格精神

健全的人格精神是指包括能力、气质、性格和理想、信念、动机、兴趣、人生观等各方面能够协调与平衡发展，人格作为人的整体精神面貌能够完整、协调、和谐地表现出来。

（一）篮球运动有助于完善个性心理特征

所谓个性心理特征，是指个体身上经常地、稳定地表现出来的心理特点，主要包括能力、气质和性格。篮球运动从宏观上看是群体的竞争，从微观上看又是群体中个体之间的身体冲突和技巧智能的直接对抗。篮球运动中的每一个环节，都要求个体在充分发挥自身特点和水平的基础上，构成整体实力，或者

说群体的默契配合依赖于个体的技巧和智能的充分发挥。篮球运动复杂多变，每一个瞬间都要求个体必须做出正确的观察判断，独立果断地选择个人战术行动。这些特点表明，艰难中需要勇气，常态下需要创新，只有个人能力强、气质和性格健全、个性鲜明和人格独立的人，才敢于冒险和创新，才有可能在复杂困难的条件下坚持与强有力的对手进行顽强的对抗，并取得比赛的最终胜利。因此，篮球运动有助于实现个性心理特征的自由发展。

（二）篮球运动有助于提高抗挫折的能力

一般来说，篮球比赛每次进攻的成功率为 30%~40%，也就是说，由于失误和投篮不中等原因，有 60%~70% 的可能是进攻失败。防守也是一样，总是面对着成功与失败，往往又是失败多于成功。篮球运动员在训练和比赛的过程中，就是经历着"进攻—失败—再进攻—再失败—积极拼抢—再进攻"这样一个过程，每天面对着来自体能、技战术和心理等方面的挫折，而这种挫折和失败往往都是暴露在大庭广众之下，表现在各类观众面前的，其心理压力可想而知。正是在这反反复复挫折与失败的情景教育中，运动员不断磨炼自己心性，屡败屡战，总结经验，不断进取。通过一次又一次的挫折，不断提高自己抵抗失败打击的心理承受能力。在我们小、中、大学的 10 多年正规教育过程中，没有哪一门课程是专门有意识地针对学生进行抗挫折的情景教育，使得我们在遇到挫折时，往往会被困难所击垮。但是通过篮球运动可以锻炼人们胜不骄、败不馁、勇猛顽强、坚韧不拔、吃苦耐劳的意志品质；可以培养青年人的主动性、果断性、控制力、坚持力和创造力，这都是现代人人格精神的内涵，是在激烈的社会竞争中必须具备的基本素质。

（三）篮球运动有助于改善人的精神面貌

参加篮球运动可以培养大学生充沛的体力和精力、良好的心理承受能力、公平的竞争意识、广泛的社会交往能力，以饱满的精神面貌去应对学习和生活中的困难。参加篮球运动可以培养大学生团结互助、顽强拼搏、乐于奉献、积极进取的优良品质。我们经常会看到大学校园内各种班级篮球赛、年级篮球赛、新生篮球赛、友谊赛、对抗赛、院系篮球赛、学校篮球联赛等不同形式与不同等级的篮球比赛。参加这样的篮球比赛，不仅是大学生身体和技能的较量，也是智慧、意志和协作精神等综合素质的竞争，同时也是学生个体之间、团体之间相互学习、彼此沟通的场所。篮球场上大学生们表现出来的克服困难、勇于创新的精神，科学、文明和健康的生活态度，以及热爱美、表现美和追求美的情感与能力，都是当代大学生精神面貌中所应有的基本内容。

第四节　篮球运动对大学生审美能力的影响

著名教育学家席勒·斯宾塞认为，审美活动起源于游戏，"审美活动起源于人类所具有的游戏本能，一方面是由于人类具有过剩的精力，另一方面是人将这种过剩的精力运用到没有实际效用、没有功利目的的活动中，体现为一种自由的游戏"，这一理论可以把审美和体育结合在一起，体育这种"游戏"也可以理解为一种审美活动，自然进行体育活动对于人的审美能力是有影响的。审美能力是现代人的重要文明素质之一，这里的美并不单单指形态美，还包括思想美、道德美、社会美、真善美等很多方面，每个人的审美能力和视角是和其实践经验密不可分的，同时又受到教育、社会、家庭、政治等多方面的影响和制约。学生的审美能力是指学生对身边的艺术品和生活中美的事物的外在形式、结构和内在情感、意蕴的感知、想象、理解等多种心理功能有机结合而成的一种能力。

一、审美能力的价值和意义

审美能力对于学生群体非常重要。学生群体主要由儿童和青少年组成，这一群体人的心理和智商都处于发展阶段，其对于各种信息的接受能力也极强，但是相对的是其是非观和分析判断力极容易受到影响（无论是否正确），所以在学生阶段使用多种手段对其审美能力进行正确引导和提高可以有效地帮助其树立正确积极的人生观、价值观和道德标准。

体育作为人类最伟大的社会发明之一，其美学特征也是十分明显的，主要就是体现了人类本身的自然美，而且随着现代体育的发展更是体现出了道德美、社会美等多种美的组合。篮球运动集合了体育项目的基本特征，并且是当今世界上最受欢迎的体育项目之一，无论是运动项目本身或者以此为基础的社会效应和活动都为人们带来很多美的享受。

二、篮球运动美学内容

篮球运动不是简单的健身游戏，而是已经融入多种学科的综合项目，现代篮球比赛更是一个以篮球竞赛为平台的大型娱乐活动。以当今篮球最高水平体现的职业联赛 NBA 为例，其在带给观众篮球本身的视觉享受的同时还包括了啦啦队、篮球游戏、赛场气氛、场地装饰、赛场文化、周边产品等多方面多维度的美的感受，让观众在观看篮球比赛的同时又可以体验众多的娱乐和魅力。以下就逐条分析篮球运动所包含的美学内容。

（一）篮球运动的身体之美

人类从古至今都对身体美有着特殊的情怀，高大的身躯、健壮的体格、修长的四肢等都深受艺术家的青睐，如著名的雕塑"掷铁饼者""大卫"等，都体现了人们对于匀称身材的赞同美感和追求。人们认为通过自己的锻炼对身体进行改造，不断激发身体的潜能是一种伟大而富有美感的行为。

篮球运动对于球员的身体有诸多要求，却没有太多限制。篮球场上有力量型的、速度型的、弹跳型的、灵活型的等各种身体类型的球员。肌肉之间的碰撞、风驰电掣的速度、游走在缝隙中的灵活、暴起的扣篮、柔和的投篮等这一切的动作都把人类身体的美感表达得淋漓尽致，让观众欣赏到近乎完美的身体素质和形态。当年叱咤 NBA 的超级中锋"大鲨鱼"奥尼尔就是力量的杰出代表，2.1 米多的身高、巨大的体形和强大的力量使其在篮下近乎无人能敌。他利用力量的绝对优势来弥补速度和灵活型的不足，扣碎篮板、拉倒篮架、隔扣对手等令人"闻风丧胆"的表现，诠释了力量的霸气；与之相对的有号称"答案"的艾伦艾弗森，身高只有 1.83 米，身材瘦小，但是凭借超强的灵动性屡次摘得 NBA 得分王的称号，并且成为世界一流球员，用神出鬼没来形容他的突破能力也不为过，曾有研究发现，其在突破变向时脚踝角度甚至达到了近乎 90°，完美地诠释了"小、快、灵"的特性。

摆脱地球引力一直是人类的梦想，滞空能力是篮球运动的独特的身体指标之一，其给人的视觉冲击也是极大的，空接扣篮和空中闪躲投篮时最能体现这一美感。球员高高跳起接球然后重重砸进篮筐和在空中收腹转体躲开防守人寻找投篮空隙的过程虽然只有短短几秒甚至不到 1 秒，但是给人的感觉就像时间静止了一般，好像在那一瞬间地球的引力对他不起作用了一样，这种梦幻般的感觉往往能够让观众如痴如醉，瞬间点燃热情，这也是为什么篮球扣将总能受到人们的追捧。人称"UFO"的文斯卡特被誉为人类历史上最优秀的扣篮选手，他不仅跳得高而且滞空能力强，创造过许多匪夷所思的扣篮，其中代表作之一就是奥运会上飞跃对手 2.1 米中锋的惊天一扣被人们津津乐道并经久不衰。

以上这些都可以说明篮球运动所体现出来的身体美感，对于身体美有着完美的诠释，人们在参与和观看篮球运动的同时可以大大满足自身对于身体审美的需求，而且可以促使其产生通过锻炼去具备同样美好身体的欲望，对其身体审美能力有一个正确的导向作用。

（二）篮球运动的技术之美

人们对于一项技能十分熟练，能够使用的得心应手达到一种"人技合一"的状态时，这项技术就不单单是一个工具而是使用者的本能了，那种天人合一的带给人的美学享受是无与伦比的。篮球技术运用到一定层次就可以称为艺术，掌握熟练技术的篮球运动员与其说是在使用技术不如说是在表演。在他手里，篮球已经不单单是一个物体而是他身体的一部分，这也是篮球运动被称为艺术运动的主要原因。美感体现主要有以下几方面：

第一，篮球技术丰富之美。篮球技术动作多种多样，从进攻到防守、从一号位到五号位所具备的技术各不相同，单单进攻技术里的一个投篮技术就有单手肩上投篮、低手上篮、高手上篮、抛射投篮、打板投篮、空心投篮、扣篮等诸多分支，而且各个技术动作之间又可以相互组合成为组合技术，优秀的运动员可以熟练掌握更多的技术并在比赛场上根据不同情况进行使用，让对手防不胜防、无从揣测。NBA 超级球星迈克尔·乔丹就是一名技术能力极强并且十分全面的球员，其进攻手段多样、传球诡异莫测、防守强硬等，曾多次当选过NBA 得分王，也入选过最佳防守阵容和最佳阵容，其退役时年龄已经达到 41岁，但是招牌动作"后仰跳投"依然让防守人防不胜防，这也给乔丹带来了"篮球大师"的称号，被誉为篮球艺术家。人们在参与和观赏篮球比赛的时候就能直接体会到这种分散又统一、整体又多样化的美，感受篮球运动时如何把多种技术动作有机地结合在一起、既单纯又丰富的美学体验。

第二，篮球技术规范和个性之美。篮球运动发展至今数百年，从简单的健身游戏发展到现在的成熟学科体系，各个技术动作基本上已经被研究透彻并且有了规范的要求。球员在学习技术动作的时候都会以此为标准进行准确的学习和训练，例如，投篮手型、防守姿态、运球手型等都有明确和细致的规范标准，优秀的运动员投篮命中率明显高于动作不规范的运动员。但是世界是多样化的，每个球员的身体条件和习惯都不一样，经过长期的使用对于技术的理解会有自己的特色，在规范的基础上也会进行符合自身条件和习惯的改变，所以我们在赛场上才可以看到乔丹的后仰跳投、邓肯的打板投篮、吉诺比利的蛇形突破、卡特的飞跃扣篮等被称为某个球员的"标志性技术"或者"绝招"。这种集规范和个性于一体的感受使得篮球运动参与者和欣赏者拥有着无限的遐想空间和创造欲望，可以充分发挥想象力。

第三，篮球技术的准确性之美。准确性给人们带来的享受是毋庸置疑的，人类发展的目的之一就是要把事情弄清楚做准确。篮球运动的本质就是一项比准的运动，无论多么复杂的配合或是精心安排的战术，其最终目的是将篮球准确地投入篮筐得分。在偌大的场地上使用各种方法将直径 24.6 厘米的篮球准确地送进直径 45 厘米的篮圈中的那种感觉是十分美妙的，甚至有人说世界上最美妙的声音就是篮球穿过篮网的声音。同时，精准的传球也能给人一种视觉的冲击，还有防守人通过预判准确的站位造成对手进攻犯规等。篮球场上的准确性无处不在，充分体现了篮球运动的目的性，也给人带来一种细腻之美。

第四，篮球技术的难度美。人们总是会对超出预期能力范围而完成的能力情有独钟，也就是对意外的期待。规范的篮球动作看似十分简单，但是比赛场上情况复杂多变，大难度技术动作的完成往往能瞬间点起观众的热情，同时也能提高自信打击对手。迈克尔·乔丹在空中转体加换手的上篮和千钧一发滞空的绝杀，内特·罗宾逊以 1.7 米的身高飞跃霍华德的扣篮和对 2.26 米的姚明的盖帽、韦德在失去重心后不看篮筐也能把球抛进等这些匪夷所思的情况数不胜数，成为人们津津乐道的话题。这种偶然性、独特性和不可复制性带给人们的刺激是巨大的，而且观众也可以从中获得美的享受和心理满足。

（三）篮球战术之美

如果说篮球技术体现的是球员个人身体和能力的美感，那篮球战术体现的就是智慧和整体的美感。很多流畅的整体比赛都可以给人奇妙的享受，如钟表的内部结构、大型机械的运转、大型表演方阵等，让人们在欣赏各部分精妙的同时又能看到其相互配合而产生的巨大力量。篮球运动就是这样一个集个体性和整体性为一体的项目，其中，战术和配合把球员们紧紧地联系在一起形成一个整体去完成进攻和防守动作，其中的美妙之处可以分为以下几方面：

第一，篮球战术的多样化和多变性之美。万花筒之所以好看就是因为可以随意变化，每个变化都有不同的美丽景象。篮球战术组成结构复杂，战术种类多样，单个固定战术也会根据场上形势随时变化，同样可能出现多战术相互交替穿插使用的实况，使得一场比赛就像一个万花筒一样，观众永远无法预料下一秒会有什么样的惊喜出现，这种期待和想象给人的刺激是极大的，事后回想又觉得意犹未尽。

第二，篮球战术的独创美。可以说每一个战术都是经过教练员和运动员长时间的实践和研究得出来的，有的战术创新于老战术，有的战术适用于特殊球员，有的战术适用于特殊场次，在大量的战术体系中总会有些是非常独特的、创新性和价值很高的。NBA 著名教练"禅师"杰克逊在带领以乔丹为首的公牛队取得辉煌的过程中，其创立的"三角进攻"战术可谓功不可没，这个战术充分发挥了乔丹等其他优秀球员的作用，后期他又把这个战术带到了洛杉矶湖人队，成就了科比和奥尼尔的王朝时代；另一套著名的"双塔"战术虽然始于火箭队但是被马刺队的波波维奇教练发扬光大，他安排蒂姆·邓肯和大卫·罗宾逊两名大个儿球员镇守内线，进可攻退可守，也是拿到了总冠军。除了这些还有很多著名的战术体系被很多球队使用，这也促使更多的教练员和运动员去发明属于自己的战术体系从而努力钻研。

（四）篮球运动中的明星之美

明星一词早起出现在文艺界，借助明亮的星星的寓意来形容一个人所达到的成就和对别人的影响。当今世界各行各业发展迅速，明星也是遍布其中，而明星效应更是成为一个专门的课题供人研究。体育比赛也是明星辈出的行业，无论哪个项目只要足够优秀就可以成为明星。例如，跨栏明星刘翔、游泳明星菲尔普斯、网球明星费德勒等，都是闻名全球的体育明星，他们的一举一动都会对关注他们的人们造成一定的影响。而明星效应也和其所从事的比赛项目和比赛影响力成正比，篮球运动作为世界上最受欢迎的运动项目之一与世界第一运动足球的影响力不相上下，其中产生的明星的影响力也是巨大的。

美国 NBA 职业联赛是世界篮球的殿堂，而其最成功的造星计划就是针对

"飞人"迈克尔·乔丹的。20世纪80年代，NBA还只是一个美国的职业联赛，无论在美国还是世界的影响力都不足以称道。当时的总裁大卫·斯特恩就开启了造星计划，对象就是迈克尔·乔丹，通过一系列的手段包括媒体、商业、梦之队等成功地把乔丹打造成了"篮球之神"的形象，更是一举把NBA打造成了世界篮球的殿堂。各国优秀人才争相加入，比赛关注度直线飙升，同时也涌现了大量的明星："小巨人"姚明、"魔术师"约翰逊、"小飞侠"科比、"大鲨鱼"奥尼尔、"小皇帝"詹姆斯等众多明星球员为大家带来了无数精彩绝伦的表演，而在场外，这些明星也会积极地参与各种社会活动来传播正能量，以身作则对世界上的人们尤其是青少年起到榜样作用。

（五）篮球运动的精神之美

人们把精神美分为了智慧美和道德美，只有这两种美都具备的人，我们才称其为一个合格的社会人。有很多手段和方面都会影响到一个人智慧和道德的发展，其中体育就是一个很好的手段。根据篮球运动的特点，本书把篮球运动的精神之美分为了智慧美、心理素质美和道德美三方面。

第一，篮球运动的智慧之美。迈克尔·乔丹说过，成为一名优秀的球员身体占70%，而要成为一名伟大的球员智慧也要占70%。在篮球运动和比赛中智慧之美主要体现在运动员的意识方面，篮球比赛瞬息万变，各种突发情况层出不穷，球员需要掌握大量技战术知识和技能，赛场上更需要高度集中注意力，迅速观察并收集场上信息，分析当时情况并综合考量做出最优质的选择和判断。这一系列脑力活动在短时间内完成对于球员的智慧要求是极高的，而当球员成功完成时给观众带来的智慧美的享受也是极大的。当下号称"最会用脑子打球"的球队之一就是圣·安东尼奥马刺队。2014年，NBA总决赛马刺队以"老迈之躯"四比一战胜由詹姆斯带领的"最强天赋"的迈阿密热火队，其中马刺队员和教练超强的战术意识是战胜对手的关键，再一次把"整体篮球"和"个人篮球"的争论带到了风口浪尖，比赛中马刺队总是用连续的配合撕裂热火的防守，更是用整体的轮转和补防来对抗热火詹姆斯和波什等超级球星的冲击。类似的比赛和情况并不在少数，无论是个人还是整体的超强篮球意识都充分体现了篮球运动的智慧之美，让人们观赏到身体和智慧的完美结合。

第二，篮球运动的心理素质之美。心理素质是比赛取得胜利的关键因素之一，再高的智慧、再好的技术和战术，如果球员心理状态出现问题就无法完成。篮球比赛对抗激烈，球员一直处于高压的状态下，有时需要进行冷静的思考和行动，这需要具备强大的心理素质才能更好地控制自己的身心活动，最能体现心理素质的就是关键球的处理，其中最激动人心的就是"绝杀"。篮球比赛必须在规定时间内分出胜负，在当今比赛情况越来越激烈、设备越来越先进的情况下，球员往往要面临执行最后一投的情况，投进则可能胜，投丢则可能输，这种巨大的压力给人的冲击是极大的，只有心理素质最好的球员才能坦然面对这种情况，合理处理球，俗称"大心脏"。历史上有太多经典的绝杀，1998年NBA总决赛乔丹在最后时刻绝杀爵士队成功三连冠，湖人队费舍尔最后0.4秒绝杀马刺队，中国队王仕鹏在2006年世锦赛最后6秒奔袭全场3分绝杀斯洛文尼亚帮助中国队闯入16强等，这些壮举被心理素质强大的球员完成，让观众在万分紧张甚至绝望的状态下重燃希望，观众和球员的欢呼以及对手的绝望等一幕幕画面带给人的就是篮球的偶然性之美，是运动员的心理素质之美。

第三，篮球运动的道德之美。没有道德美的人内心是丑恶的，是转瞬即逝的。篮球运动能够经久不衰，其中一个重要原因就是弘扬着公平竞赛、合理竞争、不屈不挠的精神道德。一个道德败坏的球员哪怕技术再好也无法成为明星，一个为了胜利不择手段的球队永远不会得到认同。篮球规则要求运动员必须遵照一定的规则来进行比赛，一旦出现非篮球的动作就会被判罚"违反体育道德的犯规"，重则还会受到追加处罚。而裁判员在执法比赛的过程中被要求做到公平公正，一旦被发现有故意偏袒的行为也会遭到相关部门的处罚。整个篮球运动就是在宣扬着道德的高尚，鼓励运动员严以律己做好榜样，也不断利用规则和制度来规范人员的道德行为，为世界人民传播着道德之美。

审美能力的提高不单单是美学方面，而且对于学生未来的世界观、价值观和人生观的树立有着极为重要的影响。无论是内在还是外在，篮球运动之美包含了很多内容，尤其是对于学生的心理发展和价值观构建有着一定的正确导向作用。形体美可以帮助学生提升身体锻炼欲望，技战术之美可以促进学生思考，优秀篮球明星可以为学生学习和生活树立良好榜样，精神之美可以帮助学生构建坚实稳固的心理素质和道德准则。

第五节　篮球运动对大学生社会适应能力的影响

现代社会的快速发展突出地表现为经济急速发展、科技高度发展、市场竞争激烈、生活节奏加快。人们如果不能适应现代社会生活的快节奏，就会在生理上或心理上出现障碍，从而导致所谓"现代文明病"的发生和体质健康水平的下降。篮球运动在培养大学生社会适应能力方面能发挥着它特有的功能。

一、篮球运动对社会价值观念的影响

价值是指人的需要与各种事物之间的需求和满足需求的关系。价值观念是指客体对主体的一种满足程度，是人们对客观事物有无价值或价值大小的一种根本观点和评价标准。在现实生活中，同样的事物对有的人有价值，对有的人则没有价值。人们在认识事物及其属性的基础上，从自身需要出发，确定各种事物的价值大小，从而确定人们活动的价值取向。

（一）篮球运动有助于培养创新意识与领导能力

篮球运动技术和战术的不断变化就是不断创新的过程。篮球运动员在比赛中技战术的运用，必须随着对手的变化而变化。篮球运动员通过观察进行分析、判断，快速果断地做出行之有效的应答。从运动结构来看，篮球技术中有许多动作是相对固定的，但在实际运用中，由于对手不同，对手做出的反应是不一样的，这就要求篮球运动员随机应变，在比赛中创造出新的、巧妙的动作以及动作配合。因此，篮球运动既是一个高度协同的全面抗衡，又是一场个人的斗智斗勇。它有利于培养人的良好思维能力、应变能力、创新意识和开拓精神。这种优秀品质不仅表现在运动场上，也会体现在日常的工作、学习和生活中，有利于培养青年大学生敢于尝试、不断创新的精神。

篮球运动是一项集体运动，也是一项组织严密和协调运作的体育运动。篮球运动战术的发挥，不仅要求运动员具备良好的个人技术，还需要整个团队（包括运动员、教练员、领队、随队医生和工作人员等）万众一心，组织及时，配合默契。长期参加篮球运动训练，有利于培养青年人的创新意识和开拓精神，有利于培养篮球运动参与者的合作意识和竞争能力，有利于培养大学生的沟通意识和组织能力。这些良好的品质可以影响青年人的价值观念，可以提高大学生的管理能力，也可以培养个人的领导能力。研究结果显示，在我国体育专业大学生中，担任学生会干部人数比例最多的是篮球运动专业；在大学体育部（室）和体育学院等部门的管理者中，从事篮球运动专项的人数最多。这不是偶然现象，它与篮球运动的特点有密切的联系。

（二）篮球运动有助于培养合作意识与竞争能力

合作是两人或两人以上群体为达到共同目的，在行动上相互配合的一种互动形式。合作与竞争一样，是人与人相互作用的基本形式。合作与竞争在形式上是对立的，但在体育竞赛和社会活动中总是相互伴随的。人类社会发展的历史证明了一个永恒的真理：个人的作用和贡献总是有限的，真正的力量在于集体之中，合作是人类社会生活中常见的现象，这种沟通与合作具有普遍的社会意义，是团队获得胜利的基础。

篮球运动中充满着竞争与合作，篮球比赛的每一次进攻，几乎都要通过传切、掩护、突分和策应配合，以实现最后的投篮目的。这些两三人的战术基础配合形式就是合作。防守战术体系也是一样，从个体上看，防守是一对一进行对抗；但从整体战术上看，每一个防守点都是全队战术的重要支撑，都需要各个点的密切合作、协同配合，形成一个有机的整体，才可能实现预期的目标。篮球运动的集体性规律，充分体现在协同配合和团队作风上；个体只有很好地融入集体，整体才能发挥出最大的力量，并为个体更好地发挥能力打下坚实的基础。篮球运动另一个特征就是竞争激烈，这种竞争从个人到整个团队，处处存在着竞争。由于篮球比赛速度快，球场变化多，身体碰撞凶，比赛对抗性强，因此就不可避免地会造成竞争激烈的场面。这在很大程度上提高了篮球运动的技术水平，增强了个人和全队的竞争能力。这种竞争意识和竞争能力会潜移默化地影响人的心理与行为，这为日后大学生走入社会、融入社会打下良好的基础。

（三）篮球运动有助于培养沟通意识与组织能力

个体在社会化过程中首先要面对的是建立良好的人际关系。人际关系反映了人与人之间在沟通过程中所获得的心理满足。没有相互交往，个体的社会化过程就无法实现。人们在日常生活、工作和社会活动中会谋求与他人建立一定的感情联系，满足心理需求。友好和亲近的关系会带来正面的心理满足，促使身心健康；相反，紧张、对抗和敌视的关系会带来压力和焦虑，有害于身心健康。所以人际关系的本质是情感的社会交流，而沟通是人际关系中最基本和最常见的要素和具体表现。

篮球运动为相互沟通提供了机会，为建立良好的人际关系创造了条件。篮球比赛中，个人目标的实现在很大程度上取决于集体目标的实现，而集体目标的实现又是该球队全体成员共同努力的结果。实现整个团队的集体目标，需要具备良好的组织能力，统一思想，统一行动，同时篮球比赛也为培养良好的组织能力创造了条件。

目前，篮球运动不仅在国内成为名副其实的"第一运动"，而且在全球也成为首屈一指的体育运动。篮球运动还成为人与人、团体与团体、国家与国家之间相互交流的工具，成为建立理解、信任、团结与友谊的桥梁。不同的国家、地区、民族，不同的语言和肤色，人们都可以通过篮球"语言"进行交流与沟通，增进相互间的交往。凡是亲身参与篮球运动或观看篮球比赛的人，都会在共同的参与中得到满足和愉悦，这有利于产生共同语言，并建立良好的社会关系。

二、篮球运动对社会规范行为的影响

（一）篮球运动有利于规范人的行为

篮球运动是一项讲求规则的运动，参与者都要在比赛规则的约束下进行配合与对抗。篮球比赛中贯穿的体育道德精神有助于规范个体行为，从而使人获得对现代社会生活方式的模拟与演练，以培养人们形成健康文明的社会行为习惯。

1. 篮球竞赛规则对人的社会行为具有约束力

篮球运动中每个个体的行为都要符合篮球规则，所以要自觉养成遵守规则的行为习惯。体育比赛中常常会发生因情绪过激而导致的暴力事件，这些越轨行为不仅要受到规则的严厉处罚，同时还要受到社会规则和社会公德的谴责，情节严重的还将受到法律的制裁。篮球比赛的特点之一就是对抗激烈，身体碰撞是难免的。每个运动员都应以力争获得球或抢占有利位置为目的，鼓励合理的身体对抗，但绝不能为了达到目的而去故意伤人，或为达目的而采取投机取巧的手段，这不仅违反了篮球规则，更违反了体育道德精神。篮球赛场上不时响起的裁判员的"带球走""3秒违例""推人犯规"等哨音，就是在不断地规范运动员在球场上的行为，不断地提醒全体运动员什么动作能做、什么动作不能做，做了哪些违反规则的行为就会得到什么样的处罚。篮球运动员在长期"不断提醒与规范行为"的环境中，会逐渐理解与遵守篮球规则。

如果运动员认真遵守了篮球规则，并且打出了风格、赛出了水平，就会得到观众的掌声和对手的尊重。久而久之，这种规范行为的意识有利于转移到青年人的学习、工作和生活中去。

2. 体育道德精神对人的社会行为具有影响力

人类的攻击性是人类的本能之一。篮球运动在激烈的对抗中，在满足人的攻击性本能的同时，还设计了一系列人的社会行为的控制器和调节阀，那就是竞赛规则和体育道德精神，从更深的意义上讲，还有文化的约束力，如信仰、伦理、道德等。体育的道德精神和竞赛规则，保证了双方在公平合理的条件下展开攻防对抗，保护健康文明和积极合理的行为，限制粗野动作和不礼貌、不道德的行为。篮球运动发展 100 多年来，经历了几十次的规则修改，篮球规则修改始终围绕着三大主题，即加快比赛节律（提高比赛的观赏性）、限制高大队员行为（提倡篮球运动的公平性）、限制粗野动作（提倡比赛健康文明）。由此可见，限制粗野动作一直是篮球运动所追求的目标之一。篮球运动员所拥有的众多良好品质，都会迁移到日常的工作、学习和生活中，有利于规范大学生的行为。

（二）篮球运动的对抗性特点有助于培养良好的个性心理

篮球运动对抗性特点非常明显：第一，表现在攻守双方在阵式上的全队对抗；第二，表现攻守双方运动员之间的身体对抗：第三，表现在攻防双方运动员技战术水平的全面对抗；第四，表现运动员心理素质的直接对抗（包括意志品质、团结一致、顽强拼搏和智力竞赛等）；第五，表现场外教练员团队之间的智力对抗；第六，表现包括球迷、观众之间的倾向性对抗。以上所有的对抗形式都是正常的，但必须在篮球规则允许的范围内。篮球运动强调竞争与对抗，提倡人的攻击本能在篮球运动中得到充分释放，提倡人的运动天赋在篮球比赛中得到充分展现。

篮球比赛过程错综复杂，这就要求参与者根据形势及时做出正确的判断，是传球、突破或是投篮，都需要在瞬间做出果断决定。当比赛处于僵局阶段，需要参与者根据自己的比赛经验，以及所具有的技能，采取大胆的行动，这就需要一定的冒险精神，敢于冒险，敢于担当；当篮球比赛处于相持阶段，就需要球队发扬团队的协作精神，依靠集体的力量，团结拼搏，齐心协力。篮球运动为参与者个性的发展提供了广阔的演练空间，为塑造自己拼搏进取的人格精神，发展个人健全的个性创造了模拟战场。篮球运动中的这些特点也是现代人格精神的要求，是在现代社会环境中应当具备的个性品质。

（三）篮球运动的角色定位有助于理解社会分工与转换

人既是有着器官组织的生物人，也是有着丰富情感和独特个性的心理人，而从本质上看，人又是一个社会人，同时扮演着各种各样的社会角色。在篮球运动中，每位参与者都负担着不同的角色，如中锋、前锋和后卫等，每个角色都有各自的分工、各自的位置和各自的任务。在很多情况下，篮球战术需要调整，场上运动员的位置也就需要进行调整，相应的任务就会出现变化，角色的功能也随之发生变化。例如，场上队员与场下替补队员之间的调整、前锋与后卫之间的调整、左前锋与右前锋之间的调整等。通过在篮球比赛中担任不同的角色，以及经常出现的角色转移，可以使参与者理解篮球场上角色定位和角色转换的心理体验。同样，社会角色的定位与角色的转换也是根据社会的需要确定的，它是与人们的某种社会地位和身份相适应的。在很多情况下，角色如果发生了变化，人的心态也要随之进行调整。经常参加篮球竞赛活动，将有助于理解角色的含义，尽快地适应周围环境，并能通过自身的努力，扮演好不同的社会角色。

三、篮球运动对现代生活方式的影响

生活方式受一定社会生活条件的制约，从而使生活方式留下时代的印记。现代科学技术在为人类提供现代化的工作和生活条件的同时，也给人们带来了更多的心理刺激。一个人如果不能适应快节奏的现代社会生活，就会在生理上或心理上出现障碍，最后将导致"现代文明病"的发生与体质的下降。

（一）篮球运动对大学生生活习惯的影响

培养大学生养成良好的生活习惯是高校人才培养的重要内容之一。良好的生活习惯不仅能促进个人的身心健康，而且对人的未来发展有着直接的影响。大学生精力旺盛，又处于长身体和长知识的重要阶段，良好的生活习惯是确保顺利度过大学阶段的重要基础。为此，各高校都非常重视培养大学生良好的生活习惯，并把它作为推进素质教育的重要内容之一。尽管如此，很多大学生的生活习惯还是令人担忧的。有关调查结果显示，目前大学生的生活习惯还存在作息时间无规律（玩电脑和卧谈会到深夜）、日常饮食欠科学（睡得晚、起得晚、来不及吃早饭，偏食等）、娱乐休闲无节制和自我保健意识差等坏习惯。经常参加篮球运动的大学生，白天在运动中消耗了大量的能量，到了晚上都会自觉休息，以尽快恢复自己的体力；并且注意保证必要的饮食，补充人体必需的能量。篮球运动是一项集体运动，它对团队内每个成员在训练方面是有一定要求的，这些基本要求都有利于规范大学生的作息时间，保证必要的营养等。大学生生活的规律性，是保障良好身体素质的前提。因此，经常参加篮球运动有利于培养大学生良好的生活习惯。

（二）篮球运动对大学生生活节奏的影响

生活节奏加快是现代社会的主要特征之一。现代社会在给人们带来科学技术和巨大财富的同时，也带来沉重的身心负担。现代社会的高速运转，往往会给很多人带来精神压力，造成身心疲倦，各种污染源包围着我们，各种病魔肆虐侵害，给现代人的身心健康带来了威胁。大学生作为社会上一个特殊的青年群体，学习压力大，活动内容多，时间安排紧，生活节奏快就成为必然。如何适应快节奏的校园生活，篮球运动无疑是解决上述问题最积极有效的方式之一。篮球运动的快节奏有利于提高人们适应环境的能力；篮球运动爱好者充沛的体力和精力，是适应快节奏环境的基础；篮球运动的趣味性有利于释放人们的身心压力。越来越多的人已积极投身于篮球运动，他们不愿意再做体育看台上的热心看客，不再满足为别人的运动表现去鼓掌叫好，他们更愿意去亲身体验"生命在于运动"的真谛，去品味身体运动带来的无限乐趣。人们从事篮球运动体验到的是身体运动带来的快感、人际交流带来的愉悦、心理沟通带来的满足、文化交流带来的思考，实现的是现代人的价值观念和文化追求。篮球运动已经成为现代人生活中的一项重要内容。

（三）篮球运动的发展与大众体育传媒之间相互促进

大众体育传媒使人们通过对体育信息的认知，影响其情感体验，进而改变其行为意向，对培养大学生的健康意识，提高运动文化修养，积极参加体育健身活动有着很好的导向作用。同时，篮球运动的发展，又促进了人们对大众体育传媒的关注与发展，两者之间相辅相成、共同发展。

1. 大众体育传媒拓展了体育文化时空

大众体育媒体传播的精彩体育赛事、新闻、评论以及各种体育娱乐节目等，不仅满足了观众的文化和娱乐需求，更重要的是体育媒体所形成的"体育信息环境"对人们的体育行为、体育意识产生了深刻而广泛的影响。人们通过各种体育媒体获取大量新的体育信息，不断充实着自己的"知识库"，同时改变着原有的思想观念，影响着个体行为。特别是在电视出现以后，以大众传播为载体的体育文化传播，使体育实践主体得到了极大的扩展。

2. 大众体育传媒增强了大学生的参与意识

体育信息在被现代传媒不断的宣传过程中，会使越来越多的大学生不再只是单纯地关注竞技体育运动，而是亲身投入体育运动之中。由于体育媒体的大力宣传，越来越多的体育项目为人们所认识，各种体育项目的规则为人们所知晓。这在很大程度上为人们参与体育运动提供了可能，也为体育运动的开展提供了群众基础。只有大量的人参与体育运动，才有良好的体育运动群众基础，才能使体育事业得到生生不息的发展。

3. 篮球运动的发展促进了大众体育传媒的发展

我国体育运动的发展，特别是篮球运动的快速发展，在一定程度上也推动了大众体育传媒事业的发展。例如，姚明等几位中国篮球运动员入选美国 NBA 球队，仅这一事件就吸引了一大批中国青少年，甚至是中老年篮球爱好者高度关注 NBA 比赛。这不仅推动了中国篮球运动的发展，同时也推动了中国大众体育传媒事业的发展和 NBA 比赛在世界范围内的广泛传播。目前，每年 CUBA 的篮球赛事越来越红火，已经吸引了全国大中学生篮球爱好者的广泛关注，这反过来也推动了我国大众体育传媒在青少年群体之中的快速传播。

第三章 高校篮球教学育人实现途径

实现途径研究相较于发展策略研究需更加系统化和程式化，一项运动的有效推广或者革新不是一朝一夕或者通过单个部门就可以完成的，我国现阶段的篮球运动的健身和经济两大价值发挥较好，国家和社会关注度也主要集中在这两块。而篮球运动的发明初衷是健身和教育，经济等其他方面应该为其结合市场后的泛生价值，可见当前篮球运动的发展在我国是有一定偏差的，所以推动篮球运动育人价值的发展可以帮助篮球运动在我国健康科学地发展，也是其他价值可持续发展的保证。

理论研究的目的即是为了保证项目实施的顺利有效进行。篮球运动育人价值的研究已经在理论层面上证明了篮球运动对于学生身心健康、脑力思维及道德规范等多方面都有一定的积极作用，而要做到充分发挥这些价值则需要政府、学校、家庭以及社会各界的通力合作，建立多层次的科学实施方案。通过综合研究我国政治、经济和社会实际情况，以及现有各级别专业和非专业篮球联赛发展情况，借鉴美国等篮球运动发展较好国家的经验教训，本章将对篮球运动育人价值在我国具体实施的规划途径进行探讨。

本章将篮球运动育人价值在我国实现的途径方案分为社会认知、政府政策法规、各级联赛开展以及校园篮球发展等方面进行讨论。

第一节 篮球运动育人的现实基础

心理学和哲学研究均表明人的认识会最终引导其行为决定，人们在决定是否进行某一行为以及选择的行为方式是基于对这项事务的个人认知，这种认知包含了对这项事务的理解度和认同感，而要改变人们对某一事物的认知需要做到两点：令人信服的证据和恰当的表达方式。

一、利用实验数据证实育人价值

实践是检验真理的唯一标准，无论多么缜密的理论研究最终都需要具体实验来证明其真实性和有效性。拥有了实验成果才能最有力地去扭转社会各界对于篮球运动价值观的偏差，才能更具体更明显地凸显出篮球运动相较于其他项目或方式在育人价值上的独到之处，才能更进一步促使政府和学校针对不同情况的学生采取不同的措施。

篮球运动育人价值的实验研究应作为一项重大复合型交叉课题进行，因为这涉及生理学、体育学、心理学、教育学和社会学等多方面学科，实验构成应有多方面的专家和学者以及相关仪器；样本量要大，应涵盖各年级不同性别不同状况的学生以及不同地区的环境；试验跟踪时间要长，一名学生的身心健康以及思维状况的改变是否受到篮球运动的影响需要进行长期的记录和观察；实验分析要十分严谨且详细，需要认真鉴别学生状态的改变是否从事篮球运动的直接或间接影响，提出其他因素才能得到真实有效的数据资料；实验设计要非常科学，由于涉及学科广泛、实验过程复杂、实验时间较长，所以整个实验设计必须兼顾到各个领域和步骤的具体情况，各环节配合默契，才能保证最后得到预期的效果。

二、优化宣传手段，明确宣传内容

宣传最重要的目的就是主动影响人们的意见，其信息的真实性并不要求是完全准确的，会增加一些偏见或者夸大的因素进去，以达到吸引人们注意力和影响判断力的目的。宣传在当今时代是推广一项事物的重要手段之一，从商品广告到政府决策等诸多领域都会运用宣传的手段去达到特定的目标，好的宣传方式甚至可以在一定程度上决定事态的走向。篮球运动的育人价值在被实验证明之后所需要的就是做好宣传，要让民众了解到并且信服这些价值的内涵和作用，从而促使他们主动去进行与篮球相关的活动。

首先要做的是在学校体育教学中改变对于篮球运动的教授方式，学校或者体育教师应在篮球教学中给学生灌输多方面育人价值的知识，诱导学生使用篮球运动来解决生活和学习中遇到的困难和问题，大力宣扬成功案例和积极成果，达到让学生、家长和校方信服和向往的目的；其次是媒体宣传，在一些对于篮球联赛如 CBA 和 CUBA 等相关的宣传中加入育人价值的因素，通过这些比较引人关注的平台去传播育人价值，使用明星效应增加可信度和感染力；最后是政府和官方的认可，政府和一些官方机构如知名高校或者篮球协会等的权威性较强，其发布的意见一般比较容易受到民众的认同，即"官方消息"。

第二节　篮球运动育人的实现保障

在当今社会，政府的决策对于某项运动的发展有着十分重要的影响作用，很大程度上决定着方案的抉择和资金的流向。同时，健全的法律也能保证项目实施过程中的突发状况得到一致有序的解决。

一、制定有利的助推政策

篮球运动育人价值的实现是一项需要社会各界通力合作的大工程，政府的决策会直接影响各级各类部门参与其中的积极性。学校在设置课程安排时不可能兼顾到所有的项目，选择哪一项作为主要项目取决于学校的自身条件以及政府的政策支持。我国的学校尤其是中小学办学模式较为相似，课程安排较为统一，一般都建立在由国家教育部颁发的教学大纲的基础上，再根据各地区各学校不同的特点略有改动。

所以，若是教育部或者地方政府可以做出把篮球运动作为推广体育育人价值的重点项目，不仅可以影响学校的选择，还可以集中优势力量对篮球运动育人价值进行研究和分析，帮助实验顺利进行。同时，还可以制定相关政策来推动民间篮球比赛如校际篮球联赛的进行，在政府的支持下联赛的管理和资金运转都可以得到较有效的保证。

二、建立健全相关法规

当今社会是法治社会，健全的法律法规是校园篮球以及篮球联赛顺利开展的重要保证，体育运动的过程中避免不了意外的发生，篮球运动作为同场对抗项目，更是容易出现受伤等意外状况。近年来国内屡次发生学生由于进行体育锻炼发生意外后由校方或者体育教师承担主要责任的案例，致使体育教师不敢对学生进行正常的体育训练，校方甚至采用取消某些项目甚至暂停体育课等手段，究其根源就是学校体育出现意外无法可依，盲目追究校方和教师的责任，以此来安抚家长和社会情绪，久而久之就会造成学校体育有名无实，学生无法得到应有的锻炼，更无法受到来自体育锻炼的熏陶。篮球联赛中出现斗殴打架或者恶意操纵比赛等恶劣状况时，相关责任人也应该受到法律的制约而不是仅仅由联赛管理部门进行处罚。在法律监管下的篮球联赛才可以真正做到安全有序、公正透明的可持续发展。

第三节 篮球运动育人的有力手段

一、联赛的开展和有效结合是篮球运动育人价值实现的有力手段

篮球比赛是展现篮球运动的主要平台，现代的篮球联赛更是体现篮球运动各方面价值的主要载体，联赛开展的好坏很大程度上反映了篮球运动发展的优劣，一个科学的可持续的联赛梯队也是篮球人才培养和输送的重要保障。篮球联赛的顺利开展可以为篮球运动育人价值全面实现起到助推剂的作用。

（一）完善各级别校际篮球联赛开展

我国现阶段开展较好的篮球联赛有中国男子篮球职业联赛（CBA）和中国大学生篮球联赛（CUBA）两个，其他还有中国大学生超级联赛（CUBS）以及耐克杯全国中学生篮球联赛等处于起步阶段的联赛。相对于美国等篮球运动发展较好的国家和地区，我国的青少年篮球联赛开展状况并不乐观，美国每年都会举办以州为单位的高中生篮球联赛。其规模之大甚至超过了全美大学生篮球联赛（NCAA），基本上所有的美国高中都会参加，受关注程度也是不逊于 NCAA 甚至 NBA 的，同时美国的初中和小学系统也有年度的篮球联赛。

大规模、有系统的校际篮球联赛的开展推动了篮球运动影响力的不断增强，能够使越来越多的人意识和体会到篮球运动的魅力和价值。我国现阶段应该着力开设系统的青少年篮球联赛尤其是高中级别的篮球联赛，力求吸引尽可能多的学校参与，以乡镇、县区、市、省甚至于国家为单位进行，推动篮球运动育人价值观念的传播。

（二）"大数据"是联赛科学发展的重要工具

联赛间有效结合的最好方式之一就是使我们的篮球联赛进入"大数据时

代"。这一方式起源于美国，最开始并不是运用于体育行业。其意思是运用数据来分析和代表一项实物，并且运用云数据技术来作为数据之间的串联和共享，这项技术为体育联赛带来了巨大的变革。美国是体育大国，更是数据大国，无论是篮球、棒球还是橄榄球运动员，从高中联赛甚至初中联赛开始都会有详细的数据记录，包括了其身体条件和比赛状态甚至家庭背景等各方面的信息，再通过模型化的分析结合专家的意见对其价值和未来进行评估，最后形成较权威的排名进而参加选秀供球队挑选，这种系统化、科学化的长时间数据记录可以最大限度地保证球员的个人价值数据得到保留，更可以给专家和球队提供可靠的资料对其进行分析和预测。

而我国现阶段对球员的数据资料搜集很少，甚至于在 CUBA 也无法做到（更不论高中或者初中联赛），职业球队和高校在选拔人才时只能通过走访和现场测试再依靠教练经验进行选取，很可能造成误选或者人才流失等情况，无法保证人才的科学递进和输送，从而影响了我国青少年的篮球热情，也制约了家庭和社会对篮球运动价值的认识。

二、校园篮球是篮球运动育人价值实现的摇篮

篮球运动育人价值的实现最终还是要落实到校园里，以学校体育为载体呈现在学生身上。前文提出的改善认知、完善法规和改革联赛等策略方法最终目的就是推动篮球运动在学校的全面开展，而要使篮球运动育人价值最终在学校中实现还需要涉及学校体育课、课外活动和特殊教育等方面。

（一）丰富课堂文化，灌输育人价值

体育课是学生接触体育运动专业教育的第一平台，在我国，体育课是中小学包括大学的重要课程，中小学平均每周会有 2 节到 3 节体育课，大学一般在一年级有公共体育课，涉及各个项目，在二年级有专选体育课，每周大约 1

节到 2 节。体育课课时数量的设置也表明了其主要目的并不是带领学生进行体育锻炼，因为每周 1~3 小时的体育运动是远远不够满足学生体育锻炼需求的，体育课的主要目的是教授学生各个体育项目的练习方法和如何进行自身适合的体育锻炼，以及体育锻炼的意义和作用。

篮球项目是我国学校体育的重点项目，基本属于必修课范畴，从小学到大学院校基本会设置篮球教学课程。但是，当今大部分体育教师在篮球项目的体育课教授上存在着教学方向狭隘的问题，就是基本只传授篮球运动的技战术方法，只关注在其身体锻炼价值上，罕有教授篮球运动育人价值的其他方面，甚至部分体育教师自身对于育人价值的了解和体会也存在欠缺。人对于事物的第一印象往往会形成定式，学生对于体育项目的初次了解大多数来自体育老师和体育课堂。所以，体育教师自身应着力学习和理解篮球运动育人价值所在并结合实践操作，在体育课上为学生讲解相关知识，并切实运用篮球运动去帮助学生解决除身体锻炼以外的更多学习和生活问题，让学生体会到篮球运动的育人价值带来的效果，进而增加其对于篮球运动的热情。

（二）提高课外活动质量，优化训练模式

课外活动是学校体育的另一重要组成部分，包括了课余时间的自由锻炼和学校安排的课外活动时间。在我国中小学课程设置中，大部分学校会安排除体育课之外的课外活动时间，一般在下午的某 1~2 个课时，在这期间，学校鼓励学生离开教室来到操场进行体育活动，也是为了响应国家关于"每天锻炼一小时，幸福生活一辈子"的号召。大多数学校在课余活动时间采取的是学生自由活动、老师负责监督看护的模式，学生的锻炼一般无法达到预期的效果，经常出现爱运动的在运动、不爱运动的依然不会参与的状况。篮球比赛具有吸引学生加入的能力，学校可以安排班级对抗赛或者报名赛等活动在课余活动时间进行，由体育老师担任裁判等方式组织管理工作，同时为比赛加入啦啦队、

技巧表演等娱乐元素，尽可能多的吸引学生参与到其中，在无形中把篮球运动的育人价值散播到了学生中间，使其从中受益。

学校篮球训练是培养篮球基础人才的重要方式，在美国并没有类似我国体校的专门类学校。篮球和其他体育训练都在学校中进行，学校会设立篮球队，由专门的教练负责选拔和组织训练，同时会和其他科目老师配合尽可能地保证学生运动员的利益最大化，这也是很多美国学生愿意进入运动队的主要原因。而在我国学校，尤其是中小学设立专门篮球队的学校比例很小，尤其是一些经济发展不够发达的地区，就算被迫参加比赛也是在赛前临时安排体育教师选取学生进行训练以应对比赛，这样带来的问题有很多，最大问题就是影响了学生的日常文化课学习，遭到班主任和家长的反对。学生参与的目的也可能只是为了逃避学习，从而形成恶性循环，打篮球的学生并不一定热爱篮球或者擅长篮球，而优秀的人才可能因为迫于压力而无法进行训练和比赛，同时教练员也是由体育老师临时担任，无法保证训练质量。

据此，我国学校尤其是中小学中有意愿参加系统性篮球联赛的学校应该设立专门的篮球队，聘请专门的教练员进行管理，并且依照现实研究相应的规章制度安排文化课和训练之间的时间问题，同时强调以学生为第一位，篮球队的主要目的是帮助热爱篮球的学生接受更好的训练，提供给他们展现自己优势的平台，实现自己的价值或者理想。教练员应密切配合文化课老师，帮助队伍在学习和训练之间选取合适的平衡点，同队员的家长保持沟通，获得理解和信任，使篮球这项运动的育人价值充分体现在这些学生运动员身上，帮助他们的学习和生活达到更好的层次。

（三）设立特殊学生群体篮球康复班，帮助解决学生心理问题

每所学校都存在着特殊的学生群体，这种特殊分为身体和心理上的。身体特殊指的是身体或者生理上具有残障或者疾病的学生，如肢体残疾、功能残疾、过度肥胖、哮喘、心脏病等；心理特殊指的是一些心理疾病或者障碍的学生，

比如，自闭症、抑郁症、多动症等。体育锻炼对于身心康复的优质效果已经得到了社会的公认，现在一些学校也设立了特殊学生康复锻炼班，但主要手段是一些简单的体操或者传统技法的练习，对于身体残障的学生较为适合。

对于有心理问题的学生单调的体操锻炼可能无法起到很好的效果，有研究表明，我国在学校生较普遍的心理问题是自闭和抑郁，主要原因是学习压力过大或者家庭影响，比如，特殊家庭背景形成的自卑感等。这类心理问题的学生一般不合群，不愿意与人交流，尤其不愿意进行语言沟通，但是这类人一般都有较丰富的心理活动和思维能力。篮球运动可以帮助他们逐渐敞开心扉，篮球比赛是团体性的项目，队员之间需要交流与合作，但并不一定使用语言交流，事实上大部分的篮球配合来自动作和眼神的交流，就算有语言也是简单的代号或者词语等，这种交流比较基础，相对更容易被这类学生所接受，同时拥有缜密的思维可以帮助他们成为比赛的关键人物，甚至成为一个明星。在球场上出现的"被帮助"和"被需要"的感觉会使他们体会到群体的乐趣，从而帮助他们恢复心理健康。

第四章 我国高校篮球教学模式研究

第一节 高校篮球分层教学模式

当前时代，我国的教育改革步伐越来越快，传统的篮球授课模式对当前教育发展的要求捉襟见肘，创新的授课方式是高校篮球教育发展的重要手段。为了满足当前教育改革的教学要求，紧跟时代步伐，全方位提高学生素质，分层教学模式扮演着举足轻重的角色。本节首先通过对分层教学模式的含义和其应用价值进行阐述，其次明晰分层教学模式的相关教学原则和在教学中的运用方法，最后提出其在篮球教学中的应用策略。结合高校篮球教学实践，通过将分层教学理论与高校篮球教学方法相结合，提高高校篮球课程教学水平和教学质量，促进分层教学模式在高校体育教学中的运用与实施，以期为高校其他体育选项课教学提供参考。

一、分层教学的含义及价值

分层教学，就其本质而言就是一种递进的、分层次的新型教学模式，将每一个学生作为独立个体看待，以学生的生理和心理差异为出发点展开的针对性教学，其实质就是一种有计划、分层次、分阶段的教学模式。由于当代大学生在先天素质、体育素养、篮球水平等方面存在客观差异，体育教师在进行课程教学时，应根据学生间的差异和教学资源，对学生进行有针对性的分层教学，通过针对不同能力、水平的学生适当调整教学内容，做到因材施教，促进学生对篮球技术的掌握和体育兴趣的培养，促进学生终身体育习惯的养成。高校教师在体育课程教学中分层教学时，应充分结合高校体育的目标和功能，充分借助体育课程的实践性和教育性特点，在促进学生运动技能学习和体质发展提升的基础上，对学生运动参与、心理健康和社会适应等方面进行培养，充分发挥体育课程的隐性功能，引导学生在体育课程学习过程中相互帮助、共同进步，促进学生提高篮球水平，培养体育兴趣，养成运动习惯，培养学生良性竞争与合作的意识，为进入社会更好地发展打好基础。

二、高校篮球课程教学现状分析

篮球运动作为一项深受大学生喜爱的团队类体育项目，包含跑、跳、投等基本身体活动，对提高大学生身体素质、培养大学生体育兴趣与体育习惯具有重要教育意义。

现阶段，高校篮球运动教学主要存在以下问题：在教学目标上，教师对篮球技术及身体素质的重视程度较高，对学生团队合作能力、运动体验未充分重视；在课程内容上，课程教学仍停留在篮球技术学习，教学比赛在课程教学中的课时不够；在教学方法上，仍以"教师示范—学生模仿"传统体育模式为主，导致学生课程投入度不高；在教学实施上，教师未能充分重视学生个体差异，导致部分学习基础较差的学生学习动力不足、学习效果较差。

三、高校篮球教育分层教学的原则

随着现代体育观念的持续深化，篮球运动已成为高校体育的一门重要课程，该课程的根本目标是为了促进学生在篮球运动中收获快乐，并且锻炼身体获得强健的体魄。但从生活实际中来看，每个学生的身体天赋、素质、领悟能力等方面都存在着不同程度的差异，这也导致了同班级学生篮球水平参差不齐。如果按照传统的以教师为中心的灌输式的统一教学模式进行教学，教学效果肯定会大打折扣。因此，采用分层教学模式来满足现代教学的要求是客观和必要的。

（一）因材施教原则

对于个性化理念，孔子在春秋战国时期就提出教育应该满足学生的兴趣，有针对性地教育。宋代朱熹提出，"圣贤施教，各因其材，小以小成，大以大成，无弃人也"。大学生由于其先天身体素质、领悟能力、体育基础、体育爱好、运动习惯等因素存在差异，高校体育教师在进行课程教学时，应提前对学生进行学情分析，了解不同学生的个体差异与体育基础，通过在课程设计中运用分组教学、分层教学等教学方法，解决学习基础较差学生对运动技术的掌握，同时，通过开展小组互教互学，让运动基础较好、运动水平较高的学生进行学生间互教互学，促进运动技术较高的学生运动技术的掌握与巩固，增进学生间的沟通与交流，促进学生沟通表达能力与团队合作能力的提升。

（二）主体性原则

在篮球教育教学的过程中，高校教师要把握教学方向，主动发挥作用，以体育学习为前提、学生全面发展为根本，将每个学生个体进行主体最大化，以每个主体的差异为基础，相应地制订教学目标和教学计划，解决学生在体育教学中"吃不饱"与"不够吃"的问题，使每名学生能够学有所得。例如，在分组比赛中，教师应根据学生的不同运动水平进行分组，并适时调整分组和人员配备，使不同运动水平的学生都能获得胜利的运动体验，促进学生篮球运动兴趣的提高。

（三）激励性原则

格马利翁效应反映了期望和爱在促进学生学习热情方面的巨大作用。当然，不仅是赞扬、鼓励、奖励、期望和爱的积极强化，也包括适当的批评等消极强化。在个人心目中，重要人物的鼓励提升作用大于普通人。一般来说，学生心目中教师是较为重要的角色，基于此，老师在体育课程中应充分重视对学生的激励，通过对不同运动水平的学生采取不同的教育激励方式，激发学生学习篮球的兴趣。例如，在技术练习中，教师有目的地将水平较高的学生与水平较低的学生分成一组，通过团队的练习与学习，使水平较低的学生也能体验运动的乐趣、团队的力量和胜利的体验，促进学生的全面发展。

（四）动态性原则

世界万物都是动态的，体育课程教学亦是如此。学生的成长每时每刻都在发生变化，教师要以动态发展的眼光来看待学生，针对学生的学习效果、课堂表现、进步程度，合理调整教学内容，为不同运动水平学生的课程学习内容设定"最近发展区"，并根据学生运动技能的掌握，适时调整学习内容与教学方法，促进学生学习动力的保持与技术水平的提升，通过运用激励性教学语言与方法，使学生充分感受到篮球运动的乐趣，在体育运动中获得成功感、获得感，促进学生自我效能感的提升，促使不同运动水平学生全面发展、共同进步。

四、高校篮球教育分层教学的实施策略

（一）教学目标分层，加强教学针对性

当前，体育教师在教学实践中，通常都是以教学大纲的模板来制订教学计划和教学内容，但是这种"一锅煮"教学方法会让教学效果大打折扣，对基础较弱、素质较差、学习较慢的学生造成打击，影响其学习兴趣。相对来说，运用分层教学模式，体育教师可以在充分了解每个学生的身体素质和篮球基础的基础上，根据学生的具体情况调整教学计划、目标和内容，动态且灵活，极大地激发了基础较弱的学生学习篮球的兴趣，提高教学质量。所以，高校篮球教师就算按照教学大纲来设计教学内容时，也需要根据分层教学法，将学生分成不同层次，确保每个学生都能找到适合自己的学习方法和训练方式。

（二）教学内容分层，提高教学有效性

在对教学目标进行分层的基础上，篮球教学授课内容也应进行相应的分层，在多元化教学内容设计的基础上，针对学生体质差异和运动基础不同，对不同层次的学生设计相应的教学内容，通过优化教学过程、创新教学方法，在有限的课堂教学时间内充分满足不同运动水平、学习基础学生的篮球运动学习需求，在课程教学中贯彻"以学生为中心"的教学理念，因材施教，有的放矢地开展教学设计，运用多种体育课程教学方法开展教学实施，促进课堂时间的有效利用，充分尊重学生的个体差异，给予学生个体发展更多的自由空间，从而确保教学目标的有效实现。

（三）教学评价分层，丰富教学获得感

基于对学生与教学过程和内容的分层，继续使用传统一视同仁的教学评价模式，不仅会严重打击学生的主动性，而且会降低最终的教学效果。基于此，教学评价分层是高校体育教师在篮球教学中应做的最后一项重要工作，教师应针对不同层次的学生区分评价方法和评价指标，杜绝否定性语言，多使用激励性语言对学生进行评价，促进课程教学评价的多样化与多元化，促进学生的学习获得感与个体满足感，注重学生运动体验与自我效能感，促进学生身心全面发展。

综上所述，在素质教育普及的今天，高校体育教师应树立以人为本的教学目标，紧跟教育改革的步伐，践行以学生为中心的教育理念，在课堂中敢于创新教学方法与组织形式，充分借助体育课程对大学生的教育目标，通过分层教学模式进行篮球教学，更好地发挥教师在教学组织中的作用，提高教学质量，要以正确的眼光看待每名学生的差异，并以此为立足点，合理确认教学目标、设计教学计划、改善教学内容，有针对性地开展教学活动，培养大学生体育兴趣，促进学生体质提升，实现学生终身体育习惯养成。

第二节　高校篮球俱乐部教学模式

篮球俱乐部这种教学模式对我国高校的体育教育有着非常重要的作用，它适合我国高校体育教学与校园体育活动的特点，符合高校体育教学改革的发展要求。本节就是对篮球俱乐部教学模式在我国高校体育教学建设中的作用进行分析。

高校篮球俱乐部这种教学模式是根据学生对篮球教学的需求，以及学生自己的兴趣爱好和特长，形成的一种新型的教学模式。这种教学模式，可以通过开展篮球比赛活动，让学生掌握篮球技能，培养学生对篮球的兴趣。高校的篮球俱乐部，与商业性的俱乐部是不同的，这种教学模式符合篮球教学的规律，可以利用课余时间组织一些有益的活动，提高学生的篮球技巧，让学生得到更好的培养。

一、篮球俱乐部教学模式的特点

（一）灵活性的特点

在传统的篮球教学过程中，每个学生接受的教学方法和教学内容都是一样的，对篮球基础好的同学来说，可能因为教学内容过于简单，提不起学习兴趣；而对篮球基础较差的同学，可能觉得教学内容难度过大，跟不上教学进度。在传统教学模式中，老师只注重自己的教学进度，很少会考虑学生到底掌握了多少。这种教学模式过于死板，教学方法单一。应用篮球俱乐部的教学方法，可以根据学生的实际能力与学习情况，制定有针对性的教学内容，通过教学、训练、比赛，提高学生的积极性。在篮球俱乐部教学模式中，可以让分层教学法得到很好的应用，根据学生的篮球水平进行分类，按照不同的分类，安排最适合的教学内容与教学方法，让每个学生都可以进步。

（二）全面性的特点

采用篮球俱乐部的教学模式，可以更好地提高学生的篮球技能，这种教学模式对老师的专业技能要求是非常高的。通过组织篮球比赛，让学生在实战中提高自己的能力。在比赛时，老师可以安排学生当裁判，让学生对篮球规则更好地掌握，提高自己的裁判技能。老师还可以要求学生自己组织比赛活动，提高学生的组织能力和管理能力。因此，篮球俱乐部的教学模式可以让学生各个方面的能力得到提升，对学生的全面发展有非常重要的作用。

（三）自主性的特点

在传统的教学模式中，学生只能按照老师的教学进度进行学习，完全跟着老师的教学节奏走，这样不利于学生篮球能力的提升。有了篮球俱乐部的教学模式，学生有了更多的主动性，可以自主选择学习内容，老师根据每个同学的能力大小制订适当的学习计划，让每个人都能有最大限度的提升。在篮球俱乐部教学模式中，学生是教学的主体，老师作为学习的指导者，让学生可以充分发挥自己的学习激情，不断提高自己的能力。

二、篮球俱乐部教学模式建立的过程

（一）教学程序的建立

要建立篮球俱乐部教学模式，高校的体育部门就要安排专业技能较强的老师作为俱乐部的领头羊，学生可以自主选择学习的导师。篮球俱乐部要有好的学习环境，建立集完善、竞技、兴趣于一体的教学模式，让学生可以愉快地学习。这样既能完成高校的篮球教学任务，还能真正提高学生的篮球技能。

（二）教学方法的选择

篮球俱乐部的建立还要有好的教学方法，这样才能实现共同的教学目标，完成共同的教学任务。在篮球俱乐部教学模式中，学生应该是主体，老师作为学生学习的引导者，在教学时要加强学生技能的培养，通过训练与比赛增长学生的专业技能，做到课内外相结合。

（三）教学内容的确立

篮球俱乐部的教学模式需要一种自主的学习氛围，所以教学内容的制定是灵活的、丰富多彩的。不仅要加强学生专业技能的培养，还应该重视理论的教学，让学生可以系统地掌握篮球知识。注重对学生体育能力、运动习惯和意识的培养，提高学生的专业素质，把学生培养成真正的人才。

三、高校篮球俱乐部教学模式的运行机制

要把培养学生的体育技能、体育兴趣和树立终身体育精神作为篮球俱乐部运行的指导思想，充分调动学生的积极性、主动性和创造力。建立良好的学习氛围，让学生可以在竞技的环境中提高自我。有了篮球娱乐部教学模式，可以丰富校园文化生活，创造良好的育人环境，这对培养人才、选择人才有非常大的促进作用。篮球俱乐部的发展是体育教育的延伸。它是以学生的年级为单位设置教学训练中的应用，每个年级有自己的实际情况，采用分层教学的方法。培养学生的判断能力是篮球俱乐部教学和训练的重要组成部分。篮球竞赛规则的制定，教师可以判断讲解详细，安排比赛教学让学生进行裁判练习，教师指导临场出现的问题，及时纠正，从而提高学生的裁判能力。

高校篮球俱乐部这种教学模式是根据学生对篮球教学的需求，以及学生自己的兴趣爱好和特长，形成的一种新型的教学模式。通过这种教学模式，可以开展篮球比赛活动，让学生掌握篮球技能，培养学生对篮球的兴趣。高校的篮球俱乐部模式，与商业性的俱乐部是不同的，这种教学模式符合篮球教学的规律。可以利用课余时间组织一些有益的活动，提高学生的篮球技巧，让学生得到更好的培养。篮球俱乐部教学模式具有灵活性、全面性和自主性的特点，可以让学生更好地学习专业知识。篮球俱乐部教学模式，是高校体育教学改革

的重要产物，这种教学模式符合高校体育教学发展的趋势，为培养专业人才提供了良好的平台，不仅能够提高学生的专业素养，提升篮球技能，还有利于学生的全面发展，极大地推动了我国高校体育教学的发展进程，这种教学模式适合我国高校体育教学与校园体育活动的特点，符合高校体育教学改革的发展要求。

第三节　新媒体高校篮球教学模式

随着我国科技水平的不断发展，现在我们已经进入信息高速前进的时代，新媒体已经慢慢融入我们的日常生活之中，尤其是教育事业。新媒体在教学当中的应用为我国的教育事业发展带来了新的生机和方向。在高校篮球教学当中，新媒体的应用使传统的教学模式有了新的创新空间和改进方式，高校的篮球教学在体育教学当中起着重要的作用，可以培训学生对体育运动的兴趣，并且可以增强学生的体质，新媒体时代的发展，使我国的高校篮球教学模式得以创新，本节针对新媒体时代高校篮球教学模式的创新给出建议，并对现阶段高校传统篮球教学模式中存在的问题进行分析以及给出新媒体时代下的解决创新手段。

新媒体时代的到来，在高校篮球教学当中采用传统的教学模式已经没有办法适应学生的学习需求，在新时代下，高校篮球教学发展现状并不乐观，也给日常的教学工作带来了很大的困难和挑战，对新媒体我们并不陌生，因为它已经成为高校学生日常生活中必不可少的一部分。在高速发展的信息时代，新媒体可以为高校学生提供大量的最新信息，在某种程度上可以协助高校学生进行更好的课程学习，但是在学习的过程当中很多高校学生还是利用新媒体进行游戏娱乐，这就会使学生的学习成效受到影响，所以在新媒体时代对高校篮球的教学中，要采用正确的教学模式对学生进行指导，对教学模式进行创新，调动高校学生的篮球学习热情。

一、传统高校篮球教学模式现状分析

（一）教学内容及模式过于单一

根据现阶段的教育体制改革，高校篮球教学在高校的体育课程当中有着非常重要的地位，并且在体育课程安排中，篮球课程已经正式地加入体育课程当中，并对学生的篮球成绩有所要求，但从目前的情况来看，高校在进行篮球教学时仍有很多地方需要改进，尤其是在教学的内容和模式方面，由于高校篮球教学介入课程学习的时间比较短，所以现在教学的内容相对于其他的课程还过于单一，没有系统的教学模式步骤，大多是对其基本动作进行教学，缺乏全面性，这就使得高校学生很难学习到深入的技巧，从而达不到比较正规教学内容的标准，进而没有办法取得比较满意的成绩，失去对篮球课程的学习兴趣，成绩得不到保障。

（二）太依靠书本，忽略学生的感受

在传统的篮球教学模式当中，高校存在的一个最大的弊端就是老师在进行课程讲解时多是依靠书本教学，书上怎么说就怎么去教，很难有自己的创新内容，教学的目的就是一味地提升学生的篮球成绩，并不注重高校学生在学习篮球课程当中的真实感受，而课程的安排也过于简单，其实我们对高校学生进行篮球教学，主要的教学目标是培养学生对篮球项目的兴趣爱好，从而带动高校学生运动的意识，增强学生的体质，促进高校学生综合素质的提升，所以在教学当中保证成绩是一方面，最重要的还是高校学生学习体育项目的兴趣和热情。

（三）课程直观性较差，不便于学生学习

学习篮球课程时，我们可以发现，一般在课堂上是老师对篮球的某个动作进行讲解和演示，但是示范的时间是较为短暂的，对理解能力强的学生来说可

能练习起来比较容易一些，但是对理解能力和实践能力都比较差的学生来说，对正确动作的掌握就不会做得那么好，而且只是通过比较短暂的课上时间去进行锻炼和学习会很容易产生遗忘，这非常不便于高校学生去进行学习记忆，这就导致高校学生无法达到理想的篮球学习效果。

二、新媒体时代对高校篮球教学模式的影响

（一）积极影响

在高校篮球教学当中，新媒体对其的积极影响还是比较多的，主要表现在以下几方面：

（1）新媒体为学生的日常学习生活带来了便利，新媒体时代是信息时代，高校学生可以通过信息进行交流沟通，尤其对篮球教学来说，可以通过互联网去查询篮球的相关资料，使自己对篮球教学更加了解，从而培养自己对篮球教学的兴趣爱好；

（2）新媒体可以为高校篮球教学提供很好的互动平台，在这种互动模式下，同学之间可以进行良好的沟通，可以通过这种方式分享自己的学习经验，或者提出自己遇到的困难，互相学习、互相进步，这样在某种程度上也降低了教师的辅导压力，同时，教师也可以通过互动平台对学生的学习成果进行分析和了解；

（3）新媒体是一个很好的传播途径，可以通过新媒体教学让高校学生对篮球知识更加了解，从而培养他们的学习热情，提升运动的意识，将正确的体育观念传播给更多的人，从某种程度上来说，这有利于宣传全民运动的实践；

（4）新媒体除了给学生提供便利以外，也为教师带来了创新的思维，教师可以通过新媒体进行篮球教学模式的创新，找到更适合高校学生进行篮球学习的教学方案，使教学质量有所提升和进步。

（二）消极影响

新媒体应用到篮球教学当中，有利自然就会有弊，虽然新媒体对篮球教学有着非常积极的作用，但同时也存在一定的弊端，其消极影响主要表现在以下几方面：（1）容易对高校学生的价值观产生影响，新媒体时代信息传播的速度是非常快的，并且传播的内容涉及面非常广，也非常复杂，而且很难进行监督管控，所以这会使某些高校学生受到不良信息的影响，造成对高校学生的误导，形成错误的价值观念；（2）影响高校学生的身心健康，新媒体信息网络的方便性，使高校学生可以通过网络做到很多事情，这会使高校学生对网络产生依赖心理，从而变得不愿意直接与人接触，当情况比较严重的时候就会对高校学生的心理造成影响；（3）容易给学生以及教师带来错误的信息误导，网络信息是比较复杂的，当我们输入一个关键字可能出现很多不同方面的延伸，在这些信息当中往往会出现错误的信息，所以在应用新媒体时，就有可能出现错误的信息，对学生造成思想观念的转变和误导，而对教师来说，很有可能使教学内容和实践结果受到比较严重的影响。

三、新媒体时代高校篮球教学模式的创新手段

（一）利用新媒体进行篮球教学实践活动

新媒体在篮球教学当中是有很多变换模式的，教师可以通过新媒体对篮球教学进行不断的优化，并且多开展实践活动，可以使高校学生多参与到篮球教学当中，增加对篮球教学的熟悉度。例如，教师可以通过微信、人人等一些社交方面的软件对高校学生进行篮球教学的指导和调查，可以询问高校学生在课程学习当中遇到的困难，并做好相应的总结，在下一次课程当中进行重点讲解或者实践，教师要善于打破传统的教学模式。传统的教学中课程结束后教师与学生就会产生零沟通的现象，学生有问题也没有机会提问，所以教师要

将网络实践和传统教学相结合起来，对学生的课后学习成果做好相应的了解，这样才可以帮助学生进行更好的学习，从而提升学生的篮球技能，并且可以通过课后沟通的方式，根据学生的建议找到自己在教学当中的不足，优化自己的教学内容，提升课程的教学质量。

（二）在传统教学中取其精华去其糟粕

时代在不断地进步，传统的教学模式已经没有办法适合当下高校学生的教学发展，在传统的教学模式当中，我们不可否认，有些内容是非常宝贵的，像是课程的时间编排等，所以我们在适应新时代发展的同时，要学会将传统教学模式当中好的内容进行保留，不好的内容进行舍弃，结合新媒体时代的发展，将我们的传统教学模式进行优化。新媒体为高校篮球教学带来了新的机会，所以我们要不断地进行改善，找到适合高校学生发展的教学模式，我们可以开展座谈会、篮球比赛等种种方式，积极地调动高校学生对篮球运动的兴趣和爱好，通过新媒体对其进行普及和熏陶，从而让高校学生从潜意识里养成学习篮球的意识，从而调动高校学生对体育运动的热情。

（三）善于创新篮球教学模式

随着新媒体时代的到来，高校的篮球教学模式面临着新的机遇和挑战，为了适应时代的发展，只有通过不断的创新才可以突破现状，创新可以使传统的教学模式和新媒体相融合，创新意识可以适应学生的发展现状，所以在高校篮球教学当中，我们不能仅仅依靠书本知识去进行教学，我们要根据书本去进行创新，找到适合学生学习的模式，我们要从教学方式方法、教学模式上去进行创新，多进行研究，培养教师和高校学生共同创新的教学理念，这可以有效地培养高校学生对篮球课程的学习意识和兴趣，并通过创新的教学理念平衡师生的关系，达到体育教育的最终教学目标，使每一位高校学生可以得到全方位综合素养的提升。

（四）通过新媒体对篮球教学进行拓展

传统篮球教学当中，单一的教学模式一直是我们想要突破的一个问题，在新媒体时代的影响下，我们对高校篮球教学模式有了更多的思考和拓展方向，像微博、微信等一些软件的应用，高校学生只要通过手机或者电脑就可以与同学和教师进行实时的交流，通过新媒体可以将篮球教学的视频分享给每一位学生，这样可以使高校学生即使在课余时间也可以对篮球知识进行学习和应用。教师可以通过课程群等一些方式方法让每一位高校学生都参与到篮球教学的每一个步骤，在群内可以发布作业、视频，还可以对不懂的篮球知识进行探讨，这可以调动高校学生的学习主动性，并且通过思考开拓高校学生的学习思维，使高校学生对篮球教学有更浓厚的学习兴趣。

（五）建立教学评价系统

新媒体教学不仅可以应用到课程的实践教学当中，还可以对教学工作进行合理的总结和分析，在高校篮球教学当中，建立合理的教学评价体系，可以快速地了解到教学的实际成果。在教学当中，学生是学习的主体，我们通过建立评价问卷等可以了解高校学生对篮球课程的真正学习感受，并根据学生的反馈情况进行总结，找到现阶段教学中存在的比较集中的重点问题，并找寻解决办法，这样可以有效地帮助教师提升课堂教学质量和自己的教学能力，并且可以通过评价体系对整体的篮球教学进行完善，使篮球课程更严谨，从而通过改进对高校学生做正确的学习引导，使高校学生可以对篮球教学有比较深刻的认识，并进而使其有运动的意识和提升自身身体健康水平的思想观念，以达到高校篮球教学的最终教学目的。

新媒体时代给高校的篮球教学模式带来了无限的可能和发展空间，在传统的教学模式当中，有很多的问题是需要我们去进行改善的，因为有些传统的教学模式已经无法为高校学生提供优质的课程体验和环境，所以利用新媒体可以将传统的教学模式中存在的不足进行很好的改善，新媒体在高校篮球教学当中起着非常重要的作用，它为高校学生和高校教师之间搭起了更好的沟通桥梁，新的教学模式，可以使高校学生对篮球教学有更多的探知欲和学习兴趣，创新可以使高校的篮球教学更趋于完善，也可以使高校学生在新媒体篮球教学下得到更好的学习效果和体验。

第四节 高校篮球课教学中运动教育模式

随着我国素质教育改革的不断深入，我国体育教学事业的发展也取得了很大的进步。篮球是深受学生欢迎的一项体育运动项目，也是体育教学的一项基本内容。为了更好地提升学生的身体素质水平及篮球技能水平，调动学生学习篮球的积极性，培养学生体育运动的热情，高校篮球教学应该改变传统的教学模式，增强课堂教学的趣味性。本节对运动教育模式在高校篮球教学中的应用意义进行阐述分析，并在此基础上对运动教育模式的实施建议进行探讨。

随着我国素质教育的不断推进，高校体育教学事业也取得了很大的进步。高校体育教学的目标不仅仅是提升学生的身体素质水平，使学生掌握体育运动技能；更重要的是培养学生的体育意识，促进学生的全面发展。高校篮球是体育课程的一项基本教学内容，篮球也因其趣味性及竞技性等深受学生喜爱，但是当前篮球课堂教学模式单一、内容枯燥，传统的教学观念束缚着教学的实效性，学生的积极性也不高，也不愿意在课堂教学中进行技能的训练和提升，教学质量较差。针对篮球运动，高校出现了学生喜爱篮球却不愿意上篮球课程的现象。因此高校应改变篮球教学模式，提升学生的积极性，增强课堂的趣味性，激发学生的体育运动热情，促进篮球教学事业的不断发展与进步。

一、高校篮球课教学中运动教育模式的应用意义

（一）运动教育模式的应用增强了课堂的趣味性

运动教育模式指的是，教师给学生提供多元化的学习角色，如教练员、裁判、记分员等，通常采用比赛的形式进行篮球技能的训练。在这个过程中，学生获得了运动的成就感与快乐感，能够积极主动地投入篮球课程中。运动教学模式的应用，极大地增强了课堂的趣味性，使学生更加积极主动地投入篮球课程教学中，也激发了学生的学习热情，在不知不觉中感受到篮球的魅力，提升自身的篮球技能水平，也提升了篮球的课堂教学效果。

（二）运动教育模式的应用提升了学生的社会适应能力

运动教育模式的应用对学生社会适应能力的提升也有着重要的作用。运动教育模式降低了运动技术的要求和难度，使学生在团队合作中提升自身的运动技能，使学生感受到成功的体验，增强了学生的自信心，培养了学生的自尊心。此外，运动教育模式是以团队的形式展开的，需要团队成员之间的交流、配合及合作，提升了学生的沟通能力，形成了和谐的人际关系。运动教学模式也是一个角色扮演的过程，角色扮演使学生体验了不同的社会角色，也有助于学生社会适应能力的提升。所以说，运动教学模式能够增强学生的自信、提高学生的人际交往能力、提升学生的社会适应能力，使学生进入社会后更好地适应社会，实现自己的个人价值。

（三）运动教育模式有利于培养学生的终身体育意识

运动教育模式对培养学生的终身体育意识也有着重要的作用。在高校的篮球教学中，运动教育模式的应用改变了传统教学模式单一、枯燥的缺点，增强了教学的趣味性，学生更愿意参与到篮球运动中来，感受运动所带来的乐趣，从而有利于激发学生的体育热情，培养学生的体育意识，使学生逐渐养成日常

锻炼的好习惯，这也有利于学生终生体育意识的培养。学生在日常的体育锻炼中，提升自身的身体素质水平，促进自身的全面发展，也加快了"全民健身"目标的实现。

（四）推动了我国体育教学模式的改革

随着我国教学事业的不断改革，我国的体育教学事业也取得了很大的进步。但是，当前我国体育教学事业仍然存在教学模式落后的缺点。运动教育模式应用到篮球教学中，合理地将人融入了整个教学过程，有利于体育教学目标的实现。运动教育模式采用比赛的形式教学，又将运动的难度降低，符合学生身心发展的规律及特点，极大地调动了学生参与运动的积极性。运动教育模式为我国高校体育教学事业的改革带来了一股新的力量，推进了我国高校体育教学模式的改革。

二、高校篮球课教学中运动教育模式的应用建议

（一）应用运动教育模式时要注意分组的合理性

高校篮球课教学中，应用运动教育模式时要注意分组的合理性，以便更好地使学生参与到篮球运动中来，调动学生学习的积极性，提升学生的篮球运动技能。教师要根据学生的篮球技能水平、身体素质水平、行为习惯等对学生进行分组。学生也可以根据篮球课程的教学目标、教学内容、教学形式等进行分组，并推选出小组长。通过角色扮演和小组比赛的形式，学生更加热情地参与到篮球比赛中去，提升自身的篮球技能水平。合理的分组不仅能够更好地实现教学的目的，增强课堂的实效性，提高学生的技能水平，还有利于教师掌握了解学生真实的篮球水平，以便能够更好地进行单个技术动作的教学和指导。

（二）应用运动教育模式时要合理地安排基本技术学习和比赛的时间

高校篮球课教学中，应用运动教育模式时要合理地安排好基本技术学习和

比赛的时间。篮球教学的目标是使学生掌握篮球运动技能，提升学生的身体素质水平。掌握篮球技能，基本技术训练是基础。因此，高校篮球课教学中要注重学生基本技术的训练。运动教育模式能够更好地调动学生的积极性，增强学生的体育热情。学生在分组比赛和角色扮演中能够将基本技术进行应用，提升自身的基本技术应用能力。因此，教师要合理安排好基本技术练习和比赛的时间，更好地促进学生篮球技能水平的提升。

（三）应用运动教育模式时要注意加强学生之间的团队合作

篮球课运动教育模式应用时也要注意加强学生之间的团队合作。运动教育模式通常采用小组比赛的模式进行，这就要求团队之间要加强沟通、团结合作，只有这样才能取得理想的成绩。在团结合作的过程中，学生不仅增强了团队意识，还提升了自身的篮球技能水平。如果团队之间合作不顺，学生没有团队意识，那么团队就像一盘散沙，不仅取得不了理想的成绩，学生的个人篮球技能也得不到有效的实践和应用，也制约了自身篮球技能水平的提升。

（四）应用运动教育模式时要组织学生加强组间对抗、展示

高校在篮球课教学中应用运动教育模式时也要加强组间的对抗和展示。教师要充分发挥自身的主导力量，通过比赛和角色扮演增强课堂的趣味性，调动学生学习的积极性。教师也要组织学生加强组间的对抗和展示。通过对抗和展示，不仅能够激发学生的体育热情，增强学生的斗志，还可以在对抗中，使学生意识到自己的不足，从而更有针对性地加强篮球技能训练，提升自身的篮球技能水平。

（五）应用运动教育模式时，教师要充分发挥自身的引导作用

教师是课堂教学的主体，对学生起着潜移默化的影响作用。因此，应用运动教育模式时要充分发挥教师的引导作用，提升教学的质量和效果。篮球课教学中，教师要以身作则，鼓励学生积极分组和进行角色扮演，并对学生的练习

进行帮助和指导，引导学生去思考、去学习篮球技能，充分提高学生的自主学习能力，使学生发挥自身的主观能动性，积极地进行篮球技能的训练，提高自身的篮球技能水平。教师充分发挥自身的引导作用能够提高课堂教学质量，提高课堂效率。

当前，高校的篮球教学事业虽然取得了一定的进步，但是，教学模式落后、学生积极性较差的现象仍然存在。因此，我们应当将运动教学模式应用到高校篮球课教学中，提升教学质量。运动教育模式的应用有利于增强课堂的趣味性，提升学生的社会适应能力，培养学生的终身体育意识，推动我国体育教学模式的改革。在应用运动教育模式时：要注意分组的合理性；合理地安排基本技术学习和比赛的时间；注意加强学生之间的团队合作；组织学生加强组间对抗、展示；教师要充分发挥自身的引导作用。只有这样，课堂的教学质量才会得到有效提升，学生的篮球技能水平才能够得到提高，高校的篮球教学事业才能够得到推进。

第五节　高校篮球公选课跳投技术的教学模式

体育课是我国在大、中、小三个学段均为必修课的特殊课程，在学校教育中占重要地位。球类运动的趣味性和竞技性吸引着广大体育爱好者，但同时由于教学内容偏多、技战术较为复杂，在教学中给师生带来不少困扰。本节主要分析高校篮球公选课投篮动作跳投技术的教学模式，期望对师生产生教学启发。

一、跳投技术的传统教学模式

跳起单手肩上投篮简称跳投，已成为现代篮球运动普遍运用的主要投篮方式。高校教师通常在原地单手肩上投篮学习之后组织学生进行练习。传统教学模式中老师一般先介绍动作概念及运用时机，然后讲解动作方法和动作要点，再逐渐从徒手到持球，从模拟投篮到投篮，分步讲解与示范带领学生练习，在教学中强调重难点知识。

体育课的传统教学模式是体育教师在长期的课上实践和课下总结过程中形成的理论体系，它不仅具有科学的理论价值，同时还具有很大的实践价值。传统的教学模式处于教师传授知识技能，学生模仿练习的状态。这种模式下的教学活动以教师为主体，教师具有权威性，学生按照老师设计好的学习路线按部就班地进行。这样的教学模式可以避免学生走弯路，使大多数学生能够按照课时计划完成学习目标。与此同时，传统的教学模式在高校篮球教学中同样存在一些弊端。体育教师通常采用"讲解—示范—练习—纠错—巩固—练习"的方式教学，较固定的学习方法容易让学生失去练习的兴趣。

二、跳投技术的创新教学模式

（一）合作教学模式

由于学生现有水平参差不齐，在通过固定时间的教学实践后让不同性别、不同身体条件、不同技术水平的学生统一完成课程目标的教学任务是广大体育教师共同面临的一大难题。体育锻炼对相同难度的技术动作，身体条件较好的学生自然会在学习中占据优势，因此在教学过程中教师不能"一刀切"。如果一味地增加练习难度就会使后进生信心全无，如果大量重复基础练习则会消耗已经掌握要领的同学的积极性。综上所述，教师可以考虑采用"合作教学模式"。

"合作教学模式"是在教师的组织下将学生分成小组，通过小组成员间的讨论互动，取长补短，最后小组成员按照一定要求合作学习，通过相互间的促进作用，达成学习目标。以"终结性评价和形成性评价"相结合的评价方式对学生的学习进行评价。合作学习模式有利于学生掌握技术，改善师生关系，同时也有效地激发了学生的积极性，培养了学生的合作能力和竞争意识。另外，分组教学还做到了面向全体学生，突出学生在教学活动中的主体地位，促进学生全面发展。

（二）多媒体教学模式

传统的篮球教学模式中，教师很少使用图片、视频等多媒体手段，导致学生在上体育课时感到枯燥无味，不能集中注意力，影响学习效果。篮球技术复杂多样，跳投技术更是让学生难以掌握。因此一些体育教师提出一套符合现代教学理念的教学方法——"多媒体教学模式"来满足教学需求。

多媒体教学是将教学内容中的文字、图片、动画、视频、声音等元素整合在一起，制作出多媒体教学课件。篮球跳投教学中使用多媒体教学模式有几个优点：首先，多媒体模式可以丰富教师的教学方法，帮助学生快速掌握篮球的基本理论知识。其次，教学中可以通过录像、慢动作回放等技术手段，让学生直观地感受跳投技术的魅力所在。最后，图形处理可以在学生的大脑中确立正确动作的表象，相比语言描述和简单动作示范在教学中能达到更好的效果。

（三）表象训练教学模式

运用表象训练教学模式进行跳投技术学习的具体方法如下：

教师先通过示范、讲解或播放多媒体素材等方式，帮助学生在脑海中建立初步的跳投视觉表象。接着让学生根据自己的所观所想和理解尝试用语言将跳投的视觉表象描述出来。在这个时候，教师要注意对学生的口述进行分析判断和正确引导，促使学生建立正确的跳投视觉表象。

实践证明，表象训练模式在高校篮球跳投教学中学生掌握情况要好于传统教学模式。使用表象训练法后，教师更容易充分调动学生的主观能动性，促进学生将视听信息转化为技能信息，把想与练结合到一起，形成认知到动作的转变。

在使用表象教学模式时，学生应注意将视觉表象与潜意识中的跳投动作进行对比。通过观察和思考，在教师的引导下找出潜意识跳投动作的不足，建立有效的跳投技术表象。建立有效的跳投动作表象后，学生要通过实践练习将其转化为实际跳投动作。在练习时，学生应该依据大脑中跳投技术动作的分解动作和排序进行实际投篮操作，从而建立动觉到运动的条件反射。此时，学生要学会将实际练习中的身体感受及时传向大脑，修正以后形成最适合自身素质的运动表象。在一定课时的跳投练习后，学生更容易将运动表象、跳投动作和思维有机结合，建立起稳定的具有个人特色的跳投风格。

针对授课对象水平参差不齐的现象，体育教师可以尝试合作学习模式教学。突出学生在教学活动中的主体地位，促进学生全面发展。针对教学方法单一，学生常感到枯燥乏味的情况，体育教学可以尝试多媒体教学模式，调动学生积极性的同时丰富自身教学资源库；针对抽象和较难掌握的教学内容，教师可尝试表象训练教学模式从心理层面帮助学生攻破难题。创新不是否定传统，是对知识的重新组合，力求产生更适合当下环境的全新概念。不会改革变通的教师又怎会教育出具备创新精神的学生，体育教师应当以身作则，从实践中总结经验，不断学习，逐渐形成一套具有个人特色的教学模式。

第六节　高校大学生篮球裁判员培养模式

目前我国高校体育开展的重要的一项任务是对其篮球裁判员的重点培养，同时课程也在不断地深化改革中，那么应如何优化篮球裁判员培养模式呢？本节进行了针对性的分析与探讨。

高校是我国篮球裁判员培养的重要机构，因此，篮球裁判员培养模式的构建十分重要。因为在高校有效培养篮球裁判员具有很大的优势，一方面大学生拥有一定的文化基础，另一方面其在知识结构上也是比较完善的。所以，在高校可以挖掘出更多的篮球人才，为以后的篮球运动提供优秀篮球裁判员人才备选。

一、篮球裁判员在高校培养的意义

（一）可以满足新课程改革的需要

在高校中，篮球运动是学生们非常喜爱的一项运动，不管是在专业的体育院校，还是在一般的高校，都是其体育课程体系中必需的项目之一，篮球裁判员也是课程中重要的一部分内容。因此，为了满足新课程改革的要求，需在高校中设置篮球裁判员培养的课程，既可给学生们提供更多选择的机会，同时也着力培养学生们的自主学习能力，从而有效促进体育课程完善，为国家培养更多的篮球优秀人才。

（二）有利于校园体育文化的良好构建

体育文化的构建有利于学生身心的健康发展，篮球比赛的设置可以丰富学生之间的沟通交流，同时也可提高学生的篮球技能，再者可以丰富其业余活动形式。裁判员是比赛中不可缺少的人员，裁判员的综合水平会影响整个比赛的顺利进行，所以它的设置尤其显得重要。目前随着高校篮球运动不断地发展，对裁判员的培养需求也在不断进行提升，因此要不断加强高校学生们篮球裁判员的培养，从而促进学校的体育文化构建良好氛围。

（三）满足社会对裁判员的需求

随着我国篮球事业不断发展，篮球运动员的需求量也是逐渐越来越大。一般在高校、企业，或者社区中举行的娱乐文化活动中，篮球比赛居多，社会对篮球裁判员需求量依然在不断地增加。因此在高校对学生培养篮球裁判员模式，可以有效地为社会培养更多的专业人才，同时也可以在高校中锻炼学生实施裁判员的实践能力。

二、大学生篮球裁判员在高校培养的可行性

（一）高校学生具备篮球裁判员丰富的人才基础

在高校中有很多的篮球爱好者，也存在一部分人是业余篮球裁判员。他们在业务上缺乏经验，没有系统专业的进行学习，但有篮球比赛实践经验，对于篮球也有比较浓厚的热情与追求，因此在高校中开展篮球裁判员的培养是具备丰富的人才资源基础的。可以选出有热情与追求以及学习与接受能力很强的学员，进行专业的篮球裁判员培养。

（二）高校具有专业的师资力量

在高校中的体育老师都具备丰富的教学与实践经验，同时对篮球人才的培养也有实践经验，不管是在篮球理论基础还是篮球裁判理论以及篮球裁判员培养方面，都具备扎实丰富的经验。因此，在高校教学工作开展中会进行得很顺利，特别有利于对裁判员人才培养模式的可操作性与针对性。

（三）在高校中的教学实践环境有优势

在此过程中，主要是为高校大学生篮球裁判员提供了相应的实践环境，通过不断的学习和实践，可以提升学生裁判员的技术水平，可以通过学习理论知识、参与校内外的篮球比赛，丰富其实践经验，有效提高自身的篮球裁判专业性，实现理论与实践同步提升的优势。

三、高校大学生篮球裁判员培养模式的探讨分析

（一）对篮球裁判理论知识学习进行加强化

作为一名优秀的裁判员，必须对裁判规则与篮球裁判员的职责与权利有深刻的理解与认知。只有对其规则有深刻的了解，才能使其篮球比赛正常地进行。

因此，在高校培养篮球裁判员时要对其理论知识进行强化学习，这样才能使学生打下扎实的基础与行使其真正的职责。

（二）对篮球裁判的基本功加强训练

篮球比赛整场下来，到最后运动员一般都有很强的对抗性，同时也会有很多状况发生，在此过程中，裁判员需具备很强的临场判断能力。裁判要具备相应的基础知识和判罚技能，还需应对状况的发生，由此较强的基本功是必备的。裁判员要有广阔的视野与移动能力来应对场内的状况并及时做出判断。同时要有鸣哨和手势的有效应用，在比赛时通过口哨与手势的语言进行比赛判断，比赛才能有效顺利进行。

（三）对篮球裁判员心理素质的有效培养

篮球裁判员不仅基本功要强，同时在心理素质方面也要具备很强的能力，才能在比赛过程中高度集中注意力与保持情绪的稳定，在比赛过程中做出正确的判断，以防判断失误。如双方起争执时，裁判员需要有很好的心理素质，保持冷静的心态进行判断以保证比赛的公正性。

（四）给大学生篮球裁判员提供更多的实践历练

只有在实践活动中不断历练才能提升自身的能力，同时可以锻炼学生的跑位与反应能力以及判断能力，且在不同的比赛过程中可以总结自己的优点与缺点，对以后参与比赛进行有针对性的锻炼。在此过程中，高校要提供更多的实践机会，如与企业和社区举办各种篮球大赛，由此，通过实践的历练丰富裁判员的实践能力。

第五章 篮球运动创新教学与训练研究

随着体育教育的发展以及篮球运动的发展，篮球教学也在发生变化，因此，创新篮球教学的方法尤为重要。

第一节 慕课在篮球教学与训练中的应用

一、慕课的概念与特点

（一）慕课的概念

慕课（MOOC）是大规模在线开放课程教育平台（Massive Open Online Courses）的简称，是近年来开放教育领域出现的一种新课程模式，也就是我们平时所说的网课、网上学习等。慕课是一种由优秀教师录制教学视频，以供人们（不局限于学生）随时随地学习，并进行线上交流，并以作业和考试的形式进行自身评估的一种学习与教学过程。慕课的专业术语最早出现在 2008 年，由加拿大人提出，并迅速风靡国外名校。

我国的慕课起步较晚，在 2013 年后才得到引进和发展，但迅速以燎原之势获得了国内大学的支持与加入。很多学科纷纷建立起自己的慕课课程，但目前关于体育方面的慕课课程却非常少。

（二）慕课的特点

慕课最大的优点就是几乎不限制学习时间和学生数量，且可以重复观看学习，这些都是传统课堂无法比拟的优势。除此之外，慕课最大的特点是由名牌的著名教授或教师录制，并通过网络对所有年龄段的学习者开放，没有门槛，不限学历，且价格低廉，甚至有许多课程是完全免费的。课程结构一目了然，每个视频都对其单独的知识点进行了详细、系统的阐述。课程也不仅仅是依赖于书本，很多内容是教师平时的积累以及提前整理好的资料。再加之教师风格独特的讲解，以及课后设置的作业、线上学员的讨论等，可以使学习者更加方便高效地复习所学知识。

二、慕课设计的基本步骤

慕课设计的基本步骤如图 5-1 所示。

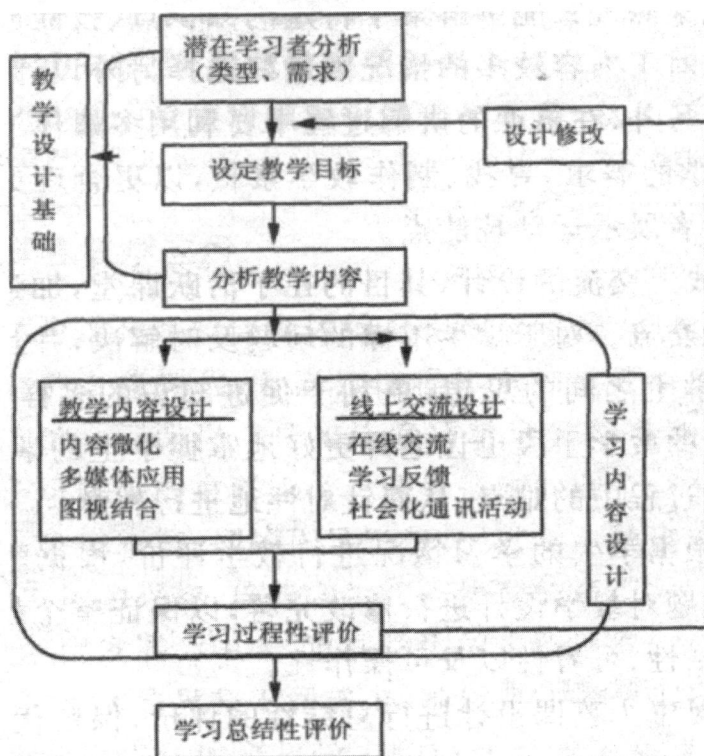

图5-1 慕课设计基本步骤图

由此可见，慕课的教学设计大致可以分为两点，即教学设计基础和学习内容设计，在完成这两点之后再进行学习总结性评价。

第一，几乎所有的课程设计都是万变不离其宗。在进行慕课设计时，要先对潜在学习者进行分析，弄懂学生的需求是什么，学生学习的目的是什么，是喜欢体育的规则还是喜欢体育比赛，是想自身锻炼还是想简单了解。明白这些才能更好地明确课程的目的及性质，才能更好地吸引学生以及提高课程的总体质量。

第二，明确教学的目的和性质之后，就要以此作为根据来确定教学内容。内容和目的一定要一致，不然就成了"挂羊头卖狗肉"的低效慕课，并不会为学生所喜爱。根据学生想要学习的内容来制作慕课才会收到良好的效果。

第三，在明确内容之后，着手进行教学设计。与传统课程不同，慕课的教学设计不仅仅包括教学内容设计，还包括线上交流设计，这是慕课与传统课程进行教学设计的最大差异之一。

第四，与传统教学设计不同，慕课在进行设计时一定要把内容足够细化，因为一节慕课只对应一个知识点的特性，所以在教学时切不可天马行空，导致无法讲完一个知识点。在面对复杂的知识点时可以依据其特性另外设计课程进行讲解。此外，慕课在讲解过程中与新媒体的结合也很重要，一定要收集足够的素材制作课件，用图视结合的方式使知识点更简单易懂。

第五，慕课毕竟是录制课程，在与学生的互动方面一定要多加考量哪种交流方式更合适以及怎样进行线上交流才会使学生更好地融入课堂。这种交流本意是为了活跃课堂，使学生们有更好的代入感，也是为了学生之间能够利用所学知识彼此进行交流或学习反馈，让教师更好地了解学生们的学习动态，以便对课程进行调整或改进。

第六，根据学生的反馈和意见进行教学评价，同时对整个课程进行反思，比如，尚未考虑到的内容、说法不佳的知识点，或者有没有不恰当不准确的地方，这些都要及时修改，以保证整个慕课的质量。

第七，对整个慕课的内容进行整体分析，并做出真实的评价，取其精华，去其糟粕，以提高慕课的质量。

三、慕课在篮球运动教学中的实践应用

（一）技术教学应用

在有关体育教学的课程中，肯定会涉及很多复杂的技术要领。比如，投篮，看似简单，实际上对手肘的发力、手臂的位置都有很规范的要求，初学者盲目练习不仅可能没有效果，还有可能因连续高强度的体育运动而伤害自己的身体，这就得不偿失了。如果掌握了投篮的窍门，投篮就会成为一个很简单的技术动作。那么学生如何掌握窍门呢？这需要教师不停地指导、不停地做示范，这不仅会使教师的精力、体力消耗严重，对学生来讲，也是很大的心理负担。如果采用慕课的形式，教师就不必再逐个逐步指导，为课堂节省了大量的时间。学生也可以反复观看慕课，学习正确、规范的知识，可谓一举两得，从而提高课堂的效率。

（二）课程教学应用

体育课主要是为了提高学生的身体素质，增强学生的活力。体育课是一门必修课，这体现了教育对学生身体素质以及身心健康的关注。

采用慕课教学能增强学生对体育运动的兴趣，同时也能更好地学习体育的基本知识。慕课种类多样，并不局限于一两种体育运动，这也尊重了学生之间的差异与喜好。不同运动所强调的精神也不同，学生以自我发展为中心，选择自己喜爱的运动和慕课，有形或无形中受到体育精神的熏陶，使自己健康成长，并终身热爱体育运动。

（三）全民健身应用

体育本就是为了提高学生的身体素质而开设的科目，所以体育并不简简单

单是一门课程，它更蕴含了希望学生能够终身进行体育锻炼、热爱体育的心愿。而慕课因自身运动的多样化，能够最大限度地培养、调动学生对体育的兴趣。通过慕课来讲授体育只不过是一种形式，开发者是为了大家能够培养热爱体育的良好习惯。

第二节　多媒体技术在篮球教学与训练中的应用

随着多媒体技术的日益成熟，现在各个科目都引进了这种新型的教学方式，连体育也不例外。但篮球运动在众多科目中有着它的特殊性质（户外，且以锻炼为主要目的），因此，在引进多媒体教学的过程中，我们必须分清主次关系，即以传统教学为主，以多媒体教学为辅，以帮助学生更好地理解体育、热爱体育。但如何应用多媒体进行体育理论课和体育实践课的教学仍然存在着不确定性，这也是我们重点研究的内容。

一、多媒体技术在篮球理论课中的应用

（一）多媒体技术辅助

无论何时，教学都是由教师"传道"与学生"解惑"的双边关系所构成的。传统教学主要依赖的是教科书、板书，这属于正常现象。引入多媒体教学后，就大大节省了教师的人力、教学的时间，同时增强了教学效率和效果。在篮球体育理论的教学过程中引入多媒体，既使一些晦涩的专业语言得到简单易懂的诠释（通过图像、音频、视频等），又以一种新型的模式润滑了师生之间的关系，不仅有利于教师运用更合适的方法进行教学，更有利于学生对体育知识的把控和理解，从而全面提高学生的基本素质，实现学生全面发展。随着时代的进步与科技的改革，绝大部分学校已经具备了多媒体教学的硬件设施，而将多媒体技术灵活、完美地融入传统的教学中去，就是体育教师当下要注意的问题。

（二）多媒体技术辅助篮球体育理论课的优势

1. 系统指导学生学习

使用多媒体来讲解篮球体育理论课会使课程结构更清晰、更系统、更简洁，让学生对所要了解的问题一目了然。而且使用多媒体授课，表现形式多样，能极大地引起学生的学习兴趣。通过一系列的互动，能更好地调动学生的积极性，让每个学生都有参与感，让原本枯燥乏味的理论课充满乐趣。

2. 学生可用其进行自我学习及自我评价

多媒体最大的优点之一就是可以重复使用，不像板书和笔记受到时间、空间的限制（这两种形式可能漏掉一些知识）。学生可以拷贝教师的教学课件，实现课前预习、课后复习，并对相关的练习有所适应和熟悉，提前或在课程学习结束后对自己的水平有系统的评估。

3. 提高学生的学习兴趣和学习效率

使用多媒体教学，对学生而言，这是新鲜的。传统的篮球理论课不仅枯燥，而且因课程性质的特殊性，以及文字内容所描述的局限性，难以向学生们讲解真正的篮球运动。但借助多媒体，这一困难自然迎刃而解。多媒体的图像、声音、视频等以可视的方式让学生们接触篮球知识，这会给学生的听觉和视觉带来强烈的冲击与刺激，从而吸引学生，充分调动学生的学习兴趣与学习热情。同时，也为课堂增添了乐趣、活跃了氛围，让学生们在轻松的状态下完成对篮球理论知识的学习。

4. 有利于更新教学观念，提高教师自身素质

以多媒体教学辅助传统教学，能充分调动学生的学习兴趣，激发学生的求知欲，培养学生的探索能力，有利于学生综合素质的全面提升，使学生德智体美劳全面发展，有利于培养复合型、创造性人才。同时，新媒体教学使得学生更方便理解知识、运用知识，丰富多彩、形式多样的教学内容也使学生在学习

文化课之余更好地放松，实现体育课真正的意义与价值，这是传统体育理论课无法带来的效果。此外，体育教师在制作课件时会更系统地梳理自身的知识储备，从而进行更新或增减，更好地提升自己的专业素养。使用现代设备，与学生在理论课上以不同的方式互动，能更好地提升体育教师的综合素质，这是一个双赢的局面。

由此可见，多媒体技术辅助体育理论课教学带来的益处数不胜数，无论是对学生来说，还是对教师而言，都是一次阶梯式的飞跃，这完全值得我们尝试。在教学中，学生与教师一同成长，这是传统理论教学可望而不可即的。

以多媒体教学为体育理论教学的辅助补充，这也是一个教学上里程碑式的转折点，标志着传统枯燥乏味的理论课终将被更有趣、更能激发学生学习兴趣与求知欲的多媒体教学辅助理论教学所替代。这极大地提高了学生的学习效率，缩短了学习时间。

二、多媒体技术在篮球实践课中的应用

多媒体教学除了能辅助传统的体育理论课程，也能够应用到体育实践课程中。体育实践课占据了体育课的绝大部分时间，这也是由体育课的特殊性质所决定的。体育课的活动场所大多为室外，而如何在这种情况下运用多媒体来进行教学，是我们研究的重中之重。

（一）运用灵活，重点在激发学生的学习兴趣

在体育实践课中，大多数学生对篮球这门体育运动不是特别了解，譬如，一些规则，以及与队友的战术配合或是更复杂的比赛。如果教师进行逐个指导，一节体育课的时间并不算长，时间容易被白白浪费掉。而使用多媒体教学，会使学生的注意力得到提升，提高学生的学习兴趣与学习热情，从而使教师的一对一变成了一对多。譬如，使用篮球竞赛类的软件或游戏来帮助学生更方便、更具体地感受篮球这项运动。

（二）化难为易，化动为静，有利于攻克教学的重点与难点

　　篮球本身就是一门比较复杂的课程，有许多动作要领、技术并不是一蹴而就的，需要学生拥有敏锐的观察力和持之以恒不断练习的恒心与毅力，才能有所收获。传统体育练习课上的示范往往难以让学生在短期内观察到要领，而且动作往往是一瞬间的事情，可能很多学生都没反应过来，示范就结束了，教师也不能一而再、再而三地整整一节课都用来示范动作，学生只能照葫芦画瓢，却难以领会真正的标准动作。教师也难免由于各种原因导致示范存在瑕疵，比如，教师自身条件、教师实际年龄、当天天气等因素的制约。所以这个时候可以把难度偏大的动作或技术利用提前收集的素材制作成课件，通过慢放、重复播放等手段方便学生进行观察学习。这样既提高了学习效率，又缩短了学习时间。

（三）通过动作对比，纠正错误动作

　　教师可以在收集课件素材的时候多搜集一些优秀篮球运动员的教科书式的精彩片段以及失误集锦，这样在课堂上播放时，能使学生对正确和错误的动作一目了然。教师在和学生一同观看这些片段的时候积极发问，促使学生对此进行热烈的讨论，使学生知道哪些动作是对的、哪些动作是错的。倘若一些学生恰好是这些运动员的球迷，那么效果会事半功倍。观看视频也会使学生产生代入感，有助于学生增强自信，而体育运动正需要自信。此外，还可以让学生多多练习，多多谈论正确的发力技巧，以多种方式让学生们对篮球这项运动更感兴趣。

第六章 高校篮球技战术教学实践

第一节 移动技术

篮球是现代奥运会中的核心体育项目，属于身体对抗性体育运动，运动员的主要运动关键在于攻守。在篮球运动进行过程中，运动员必须娴熟地进行移动，以此来快速改变运动方向、所处的位置以及移动速度，同时还要保持整个身体的平衡，运动员要始终把握稳定的站立姿势，进而完成攻守活动。现代篮球移动技术不仅会被应用于进攻活动中，在防守阶段同样起到重要的作用。本节结合篮球比赛特点分析现代篮球运动中应用的移动技术。

在进行体育运动时，把握运动技巧，应用正确的训练方法，保持合适的训练强度均衡起到重要作用。篮球运动不仅会考验运动员的身体素质，同时也会考察其运动技巧，正在进行篮球运动时，运动员必须针对不同的情况灵活运用各种移动技术，常见的移动技术包括投篮移动、接球移动、篮板球移动以及摆脱移动，对于比赛结果均会起到决定性影响，要根据赛场上的局势来选定移动方法。

一、移动技术概述

现代篮球移动技术是指在篮球比赛中，队员不论是在攻与守，还是在有球和无球状态下，为了达到战术目的，选择与抢占有利位置，争取时间和空间所采用的与各种持球技术相结合的脚步动作方法的统称。简言之，现代篮球移动技术就是除队员控球技术外所有脚步移动的总称。它既要符合人体运动生物力学原理，又要符合竞赛规则。它在比赛中表现出很强的攻守技术特点，它不仅是其他技术的基础，还是一项非常重要的专门技术。

二、主体技术系统分析

移动意识应理解为队员在篮球比赛中对技战术运用规律性的认识，它是队员在参加篮球运动实践活动中逐步积累与丰富起来的，从而能在比赛中自觉地、能动地指导自己根据攻守的具体情况和按战术意图采取的行动。运动员在比赛中移动正确与否，取决于观察、判断和思维的正确与否。队员在比赛中要用战术观念去观察和思考问题。善于观察才能做出正确的判断，队员不仅要洞察对方的攻守打法和场上双方队员的部署，更重要的是掌握比赛的规律和双方队员的行动意图。

篮球比赛之所以精彩纷呈，具有很强的可视性，其主要原因就在于队员在攻守对抗中能灵活多变地运用技战术。而想要这样取决于队员的移动应变能力。队员只有具备了这种能力，才能在比赛中得心应手、运用自如。移动应变能力取决于队员移动技术组合是否具有很强的攻击性和实效性，其次是队员移动组合是否具有较强的隐蔽性和合理性。队员应利用移动在组合上、节奏上、方向上、速率上的变换，来争取主动，使对手被动挨打。

移动的对抗在篮球比赛中大致分为三种：无球对抗、有球对抗和篮板球对抗。这三种对抗既体现在队员身体素质、技战术、心理和智能上，还体现在攻与守、快与慢、地面与空间、内与外、动与静的对抗中。在现代篮球比赛中，队员无论是处在攻或守还是有球无球状态下，任何形式的移动都是处在激烈的对抗中。所以，队员在移动时，首先要树立敢于对抗的信心，其次是在身体上、动作上敢于接触，充分发挥移动技术。这样，才能在激烈的对抗中完成攻守任务。

三、正确运用移动技术

（一）运用投篮技术

在篮球赛场中，投篮技术极为关键，投篮的命中率甚至对于最终的比赛成果起到了决定性的影响，投篮移动难度极高。运动员首先可以使用压迫式投篮移动的方法，负责进攻的队员需要对多种脚步动作加以运用，缩短与对手之间的距离，进而争夺更多的投篮空间，借此有效提高投篮效率。移动队员可用的具体脚步动作包括后撤步、并步以及跨步等。摆脱投篮移动技术同样要求运动员有效利用脚步动作，有效摆脱对手，在躲避对手的同时还要进攻，具体可用的动作包括向外运球、向侧方跨步接球等。假动作移动极其考验技巧性，队员可以对各类假动作加以利用，将对手的防守摆脱，占领更多的移动空间。无论使用哪一种投篮方法，队员之间都必须将配合活动做好，将多种投篮技术结合使用，使移动方式更为灵活。

（二）运用接球移动技术

在接球时，同样需要灵活展现移动技术，运动员需要集中注意力，注意篮球的移动方向，利用手臂来迎接篮球，手指向上，拇指呈现出"八"字的形状，为了使身体可以保持平衡，需要将重心降低；在确定移动方向时，也要以场上的变动为主，队员在转动脚步时要考虑多个方向的转动需要，确保在接球后可立刻掉转方向面对篮筐，将接球与进攻的动作结合起来；在运球移动时，需要把握拍球的位置以及力度，掌握球反弹的情况，充分做好接球与收球准备工作，在整个运球环节都要保持动作的流畅性。

（三）运用移动摆脱技术

在篮球比赛过程中，将移动技术与摆脱技术结合使用也极为重要。常见的摆脱动作包括假动作摆脱、同伴掩护摆脱以及起动摆脱等。在运用摆脱移动技术时必须把握时机，否则移动摆脱活动的应用效果并不能有效展现，甚至还会影响其他移动动作，队员需要根据自己在球场中所处的位置做出精准判断，协调好自己与球篮以及球之间的关系，紧紧把握优质的摆脱时机，最快确定路线，球队中的运动员要保持默契配合，彼此之间可以了解对方的意图，进而将摆脱方向确定下来，队员可以从自己习惯的攻击点来摆脱对手，同时还要缩短与球篮之间的距离，摆脱动作不可一直保持固定，要多变，球队队员的良好配合也是关键。

（四）运用防守移动技术

在进行防守移动时，必须以实际情况为主，考虑到无球球员存在的防守需求，不可让对手球员在其攻击区域内拿到球，必须将其与篮球之间的联系切断，即使对手球员接到球，也要使其处于被动位置，处于防守位置的球员必须预先将对手球员的位置确定下来，把握球篮与篮球的位置，将包括碎步、交叉步、滑步、扯步以及上步等多种脚步动作结合应用，从多个角度进行防守活动。

（五）运用篮板球移动技术

篮板球移动技术实际上就是攻守队员抢占有利位置和空间的过程，抢占有利位置是抢篮板球技术的关键。无论进攻队员还是防守队员，都应设法抢占对手与篮筐之间的有利位置，力争把对手挡在身后。抢占位置时，应根据对手和投篮队员所处的位置，正确判断篮板球的反弹方向、距离，运用快速的脚步动作，配合身体动作抢占有利位置。抢篮板球以双脚起跳为主，因此要能够在各种情况下做原地双脚起跳，同时要结合滑步、上步、撤步、交叉步、转身、跨步等步法快速起跳。防守队员一般采用转身跨步和上步起跳方法，进攻队员则多采用交叉步摆脱上步双脚起跳和单脚冲抢的方法。此外，还应掌握向侧上方、后上方和连续起跳的移动起跳动作。

现代篮球运动对于运动员的综合能力有较高的要求，运动员必须兼顾体能、技巧与经验。在篮球比赛中，能够正确应用移动技术是非常关键的，本节围绕篮球运动过程中应用的主要移动技术展开研究，并给出技术应用方法，无论是在日常的训练中，还是在正常的篮球比赛中，均需重视移动活动，运动员还要将移动技术与其他进攻防守动作加以结合，灵活地移动自己的身体，在确定训练项目时，也要将移动技术水平提高当作重点项目。

第二节　传接球技术

传接球作为篮球运动中最基本的动作，是篮球运动进攻的最有效配合方式，也是进攻中使用最多的手段。在当代篮球越来越讲究团队化的环境下，传接球的技术应用以及针对其训练方法设计成了必不可少的研究方向。传接球作为一种有效串联队友的枢纽，更需要细致地研究其技术特点和方式以及针对如何改进传接球的技术。本节通过对传接球的技术应用及训练方法的相关文献对传接球技术应用及训练方法进行阐述，为今后研究传接球的技术应用及训练方法提供理论基础。

篮球的传接球技术是运动中最基础、最基本的，也是最重要的技能，它是有目标地处理篮球比赛进攻球员之间的一种方法，是连接各进攻球员进攻的枢纽。它是球员在每一个比赛中组织进攻的重要方式，是一个具体的实现方式的技巧与策略。它是攻击战术的根底，是球队制胜的必备要素。在对抗激烈的篮球比赛中，无论是进攻还是防守，传球球员需要的技术和战术素养的需求越来越高。提高球员技术和战术素养的传球可谓当务之急，本节运用文献资料法、专家访谈法、逻辑剖析法对传接球技术进行剖析，为中学生的篮球传接球技术提高做铺垫。

一、篮球传接球技术的理论内涵

（1）传球的概念：篮球传球技术主要包括双手胸前传球、单手肩上传球、单手侧传球、行进间传球的技术。传球技术是篮球的基本技术，篮球是一项团队项目，练习传球技术是非常重要的。采用何种方式传球取决于实际情况，常用的传球方式有以下几种：

①双手胸前传球：双手胸前传球是最基本最常用的篮球传球技术。一般在中、近距离运用双手胸前传球。双手胸前传球是传球技术的基础，具有准确性高、容易控制、便于变化的特点。其动作方法是：持球时，两手五指自然分开，拇指形成"八"字形，用指根以上部位握球的侧后方，手心空出，两肘自然弯曲于体侧，将球置于胸前。肩、臂、腕部肌肉放松，两眼注视传球目标，身体保持基本站位姿势。传球时，后腿蹬地，身体重心向前移动，同时两臂前伸，手腕由下向上翻转，拇指用力向下压，食指、中指用力弹拨，将球传出。出球后手心和拇指向下，其余手指向前。

②双手击地传球：双手击地传球通常用来将球从防守队友张开的手臂下传出。双手击地传球的技术要领与上面讲到的从胸前传球一样，只是球传出时手指需向下有力，使球碰地板反弹后，到达接球队友的腰部位置。

③低手传球：低手传球是一种近距离的传球，通常用于将球传递给离自己较近的队友：用手指托住球的下半部，伸臂出球时，向传球方向迈一步，做传球动作时固定手腕，也将球传向接球队友的腰部位置。

④双手头上传球：我们经常看到在篮球比赛中抢到篮板球的队员用这种方式将球传给位于远处前场处于有利位置的队友。双手头上传球可以越过防守队员，并且可以传得很远。双手从球的两侧持球（手指尖朝上），置于头顶，肘部微屈，向传球方向跨一步的同时手腕向后转，球移至脑后，将球向前抛出，手腕向下转发力（同时要做好随球动作）。

⑤单手肩上传球：单手肩上传球是篮球中常用的中远距离传球方法。单手肩上传球，用力大，球飞行速度快，利于抢到篮板球后迅速组织快攻。其动作要领是：单手持球的后下方，利用蹬地扭腰、转肩动作，向前甩臂，扣腕将球传出。

（2）接球的概念。目前接球方式一般为双手接球：两眼注视来球，手指自然分开，两拇指相对成"八"字形，两手成半圆形（球形）。来球前，主动伸臂迎球，肩臂腕指放松。接球时，指端先触球，同时两臂随球后引缓冲来球力量，并做好衔接下一动作的准备姿势。动作要点：主动迎伸，触球后引。接球一般分为正面双手接球和背对篮筐接球。正面双手接球一般为外线倒球，防守压力小，故只需做反跑即可轻松接球。而背对篮筐接球的关键在于接球前的要位。要位时队员不要在原地等着接球，而要根据球和防守队员的位置，不断地运用各种碎步结合转身要位。

传接球技术是篮球运动中所有技术中最基础、最基本的技能，是一场比赛中实施战术以及加强比赛流畅度的重要手段，在比赛中发挥着特殊的作用和独特的效果，一方面可以提高对球的运行速度以及全体队员进攻的流畅度；另一方面可以加强比赛的观赏性，加强竞争意识，还能破解对方防守，构成部分进攻优势，可以全场压着带着对方的节奏，使对手有劲使不出。篮球传接球技术不仅是对篮球这个项目淋漓尽致的诠释，也是对运动流畅性、唯美健康的极大体现。篮球传接球技术是篮球项目不可替代的独一无二的"丝绸之路"，没有什么技术能替代这个串联整个团队的技能，无兄弟，不篮球，恰恰是团队篮球的最好体现。

二、篮球传接球的技术训练方法

笔者通过在学校教学期间对学生的教学，经过系统整理制定了以下几个训练：

（一）发力与消力

第一节课上篮球课，发现学生的传接球技术非常粗糙，于是重点对他们采用发力消力的教学讲解与示范，通过脚蹬地，重心的起伏来完成教学。主要练习学生各种位置和方向的传接球，保证力量的恰当性，对传球球员而言，最佳力度是接球球员不用消力便可以直接运球或者进攻；对接球球员而言，需要第一时间化解传球的力量并直接转化为运球或者进攻的动作。经过一节课的练习，学生能够熟练地通过重心移动来控制发力与消力。

（二）传接球位置

在掌握了发力消力，确保传接球质量后，给他们制定了更加严格的目标，就是传接球的位置。首先确定最佳的传接球位置是齐胸传接球，也就是传球者把队友的胸口高度作为传球目标点，保证队友举起手能够顺利接到传球而不需要调整动作就可以选择进攻。当训练时强调传球路线平实，不需要弧线，学生在经历了频繁掉球、接球难后，渐渐地融入发力消力，初步掌握了传接球位置的准确度。

（三）击地传球训练

击地传接球是在当有防守球员卡在持球队员和要球球员之间的情况下，选择防守球员的身前身后作为击地点，以避免被抢断。长距离的击地传球把与要球球员的距离之间的三分之二点作为击地点，保证要球球员可以齐胸传球。在进行常规的击地球训练之后，增加了难度，行进间击地传球和不看人传球。由于对其有强烈的爱好，学生掌握得非常好。

三、篮球传接球的战术训练方法设计

传接球训练的最佳效果是传接球之间力量上恰到好处，接球球员不需要调整动作就可以直接开始运球快速进攻或者继续传球，不会导致任何推进速度的凝滞；而传接球的最佳线路是以尽可能减少失误为准，这将在团队分组对抗中得到验证，也是经验的积累才可以完成提高的技巧。为了提高全员的整合性与战术素养，设计了以下几个训练方法。

（一）快攻中路分球两侧的训练

快攻推进球员大多选择中路持球推进，左右两名无球球员下底，三人组快攻训练。在训练时要求中间的球员为控球后卫，呈漏斗状的三角形，当时训练一开始成功率不高，两边球员有意地在等中间球员，传球连贯性不足，问题出在中间球员与两边球员几乎成直线。在经过多次练习与指导后，控球后卫留在后面跑，两侧球员侧身跑练习，可以初步地进行这项简单的战术，但实际比赛中成功率与使用率均不高，有待加强。

（二）快攻中左右路传球训练

两名球员分为左右路推进的快攻传接球训练。因为看到快攻中路分球两侧的训练对初中生来说运用实践比赛有难度，所以就制定了较为简单的快攻中左右路传球训练。由于之前学过侧身跑，因此行进间传球难不倒他们，但是在控制两人距离与传球点的问题上还是不够熟练，成功率不过一半，在确定传球点在身前一米处之后，距离控制在五米，效果大大增强。之后进行自由距离训练，效果也不错，此战术非常成功。

（三）持球队员下底左右侧无球球员稍后的传接球训练

持球推进球员带球中路快速靠近篮筐牵制，左右路无球球员顺势推进完成进攻之间的传接球训练。此战术必须有攻击性后卫撕破防线，然后到篮下吸引众多防线再分给左右跟进的队友进行上篮以及投篮的训练。在传接球的环节上，出现了默契程度不够的问题，因为事先不知道传给哪位球员，在增加了注意力与熟练程度后，这套战术运用得炉火纯青，而且在比赛中也运用得很多，成功率也很高。

篮球的传球与接球方式多种多样，传接球技术是篮球进攻中的纽带，是实行战术的基本要素。针对出现的传接球问题，对其进行技术、战术、心理的训练，全方位地改变其对篮球的理解与运用。

要从思想上对篮球的传接球技术给予充分重视，要针对其制定行之有效的战术；加大运动员基本功的训练强度，尤其是注重运动员不擅长的手脚，并且鼓励他们在比赛中也要有不擅长手脚的进攻尝试，提升传球的应变能力，鼓励传球方式多样与合理化；现代篮球比赛是双方激烈的对抗。比赛不仅比单纯的基本技术，也比坚强的毅力，不仅需要球员有优秀的技战术水平，还要有良好的心理素质。在平时的训练中，要以体系训练为主，在加强个体自身技术的基础上加强队员之间的默契，加强相互对抗的实践训练，注重毅力品质的锻炼，改善偷懒不努力的作风，还要进行队员的心理素质训练。

第三节　投篮技术

当前，篮球已经成为我国非常热门的体育项目，特别是广大的青少年都特别喜爱篮球。在篮球的竞技当中，得分的方式是投篮，我们通过投篮的准确率可以判断一个球队的整体水平。投篮也是篮球比赛当中决定胜负的根本所在，因此，想要提高投篮的命中率，不仅仅要有优秀的身体素质，还要熟练地掌握投篮的技巧，强化运动员的心理素质。基于此，本节主要对篮球运动的发展历程、投篮的技术以及投篮的特点进行了阐述，对常见的投篮类型进行介绍，并且展开相对应的分析，最终对提升投篮技术提出了一些建议，供大家参考。

在篮球运动当中，最为重要的进攻就是投篮技巧，投篮技巧是篮球比赛取得胜利的关键所在。此外，篮球这项运动还是一种活动性极强的运动，在运动的过程当中还伴随着很强的竞技性。篮球运动的竞技性主要体现在投篮的过程当中，因为投篮成功就能够获得分数，所以应该对投篮技术进行掌握，这样才能够提高自身的篮球水平，本节将对篮球投篮技术的基本类型进行简单的介绍。

一、篮球运动中投篮技术的基本类型

（一）原地投篮

原地投篮是篮球运动当中最基本的投篮方式，在篮球比赛中选择原地投篮对运动员的身体平衡以及全身的协调性是非常有帮助的，这项投篮技术很容易被掌握，所以在比赛当中被广泛地运用到了中远距离的投篮以及罚篮当中。

（二）行进间投篮

行进间投篮的标准动作技术是右手放在篮球的中心位置，右脚向前跨并且借助球体，接下来左脚立即起跳，右腿屈膝抬起，身体跳到最高点，这些完成后将篮球举到头部的右端，再运用手腕和手指的配合，将篮球投入篮筐。

（三）跳起投篮和扣篮

跳起投篮这种投篮方式具有突发性，它的主要特征是出球点比较高。这种投篮方式可以和一些运球方式合理地配合使用，例如，在原地进行跳投，或者在运球行进过程当中进行急停跳投。这种投篮的技术要领为：在进行右手投篮时，两只脚要自然张开，让身体的重心落在两脚之间，使得手臂和肩关节保持平行，在起跳时蹬腿跳起，身体的重心向后，此时球从手中投出，在落地时要注意缓冲，可以选择屈膝的方式，用这种方式尽可能地避免损伤。还有一种篮球比赛中常见的得分方式是扣篮，扣篮也叫灌篮，运动员在进行扣篮时需要纵身跳跃，全身用力将篮球放入到篮筐当中，手抓住篮筐进行缓冲，整个人的身体挂在篮筐下面，一般来说，扣篮得分的成功率是比较高的，能运用扣篮的得分方式也是运动员强大的身体素质的体现。

（四）补篮

补篮主要是指运动员在进行投篮时篮球没有进入篮筐，这时运动员可以起跳，将在空中的篮球放到篮筐当中。补篮也很考验运动员的身体素质，同时也很考验运动员的判断能力，运动员需要对篮球的落点进行判断，从而在空中抢到篮球，进而补篮得分。

二、投篮技术的基本含义及特点

（一）关于投篮技术的基本含义分析

投篮是指运动员将篮球投进篮筐所采取方法的总称呼。篮球运动中进攻和得分的手段是投篮。在篮球比赛当中，运动员如果能够熟练地掌握投篮的技术，提高投篮的命中率，那么在比赛当中优势是十分明显的。

（二）关于投篮技术的特点分析

投篮技术也包含很多的特点，随着篮球运动的快速发展，投篮技巧逐渐开始转向跳投方向发展。当前，国际的篮球运动员为了能够快速地适应运动变化的节奏，以及高强度、高对抗的比赛，无论是男运动员还是女运动员，在投篮方式的选择上大多选择以跳投为主的投篮方式，这种投篮方式的主要特征为：在投篮的过程当中点多面广，内部和外部能够有效融合，在比赛当中能够充分地展现出每一位球员的作用，在比赛当中无论是后卫、中锋，还是前锋，都有得分的可能。在比赛中我们经常会见到，在激烈的对抗当中，进攻方的球员选择内线和外线相结合投篮方式，多次传导球，最终跳投得分，这种方法在比赛中有着显著的效果。

三、投篮技术分析

（一）切实规范投篮动作

要想让篮球运动员的投篮水平得到快速的提高，我们首先要做到的是对篮球运动员的投篮动作进行规范，因为篮球的命中率和投篮动作有着直接的关联，篮球投篮动作的规范将直接保障投篮的命中率，所以很多的篮球运动员在平常的训练当中，都最先开始对投篮动作的训练，对投篮的技术和技巧进行熟练的掌握。同时，作为篮球爱好者还要经常地对篮球运动比赛进行观看，通过观看比赛可以了解世界顶级的篮球运动员的投篮方式，在观看过程当中对篮球命中率的准确程度进行思考，从而可以对他们的投篮方式进行借鉴，再结合自身日常的投篮方式，养成自身最习惯的投篮方式，这样能够在最短的时间内强化自身的投篮水平，为在篮球比赛当中获得胜利奠定基础。此外，篮球的教练组也应该对运动员投篮进行定期的教学，可以采取定期考核的方式，来测试运动员投篮的规范性，对每个人形成一个特定的投篮培养方案，为提高运动员的投篮准确率奠定基础，广大的篮球界人士和篮球爱好者应该对此重视起来。

（二）加强运动员投篮的注意力

篮球运动比赛的胜负都是通过分数进行判定，而篮球得分高低直接取决于投篮的准确程度，所以想要得到更高的分数，就应该多锻炼自身的投篮技巧，教练在锻炼运动员的投篮技巧时，应该注意锻炼运动员自身的专注能力，当运动员集中精力时，他们的投篮命中率将会得到大幅度的提升。所以，提升运动员投篮的专注能力非常重要，这需要相关的教练人员做好日常的培训工作，采取具体可行的措施来协助工作，比如，在运动员进行投篮时，可以适当地进行一些干扰，让其他的陪练人员来观察运动员受到干扰时投篮的变化，以及得分命中率，然后根据相关的要点提升运动员的能力。如果运动员在受干扰的情况下注意力出现问题，那么可以采取相对应的训练措施，从而不断地锤炼运动员的篮球技巧，通过这样的训练，篮球运动员的投篮素质和投篮能力将会大大提高。

（三）提高篮球运动员的投篮自信

想要让篮球运动员的篮球技巧得到大幅度的提升，还要注重培养篮球运动员的自信心，运动员的自信心和运动员的投篮水平有很大的关系。如果一个运动员在球场上自信心比较充足，那么运动员在投篮的过程当中能够充分地发挥应有的实力，而且效果是非常显著的；如果一个运动员对自身不是那么自信，那么在比赛时他们就会常常怀疑自身的能力，在比赛的过程当中不能充分地展现自身的篮球技巧，从而在整体上影响运动员的比赛成绩，而运动员如果投篮的准确率下降，那么他们在赛场当中输赢就会受到很大的波动。所以在日常的训练当中，相关的教练团队就应该从语言和行动上对运动员进行鼓励，让运动员能够意识到自身在整个球队当中地位是很重要的。运动员会加强对自身基本功的练习，也会提高自身的自信心，在投篮的过程当中能够做到毫不犹豫地投出篮球，即使篮球在没有投中的情况下，他们也能够及时地调整自身状态，从而大幅度地提高篮球的命中率，从而获得整场比赛的胜利。因此，锻炼一个运动员的自信心，对运动员的成长有着很关键的作用，不仅有助于运动员篮球技术的提升，也能锻炼运动员的心理素质，所以教练团队要高度重视培养运动员的自信心。

（四）单手肩上投篮技术的应用

单手肩上投篮技术名称的来源就是投篮的姿势，运动员在投篮的过程当中由肩膀的上方用一只手将篮球投入篮筐当中。在篮球运动当中，单手肩上投篮是一种比较常用的投篮姿势，将这个投篮姿势进行细分还分为单手肩上投篮技术以及行进间投篮技术，这个投篮的姿势出手点比较高，不容易被抢断，而且在运球过程当中能够和其他进攻技术密切融合，所以在投篮的姿势当中是非常实用的。

在进行单手肩上投篮时需要注意以下几方面：第一，在抓球的时候五根手指要分开，球不能和手心接触，使得球和手心之间存在一定的缝隙；第二，肩部的动作要和手部的动作协调一致，将篮球抓起之后，手腕要向后自然地弯曲，同时还要注意肩膀的动作，让肘部能够保持一种蓄力的状态；此外，还要注意大臂和小臂之间的角度。在手部的姿势确定以后，再将身体向前倾斜，同时注意小臂和手之间的角度，在将姿势全部确定之后进行投篮。

（五）急停跳投技术的使用

急停跳投技术是进攻球员在行进间急停和快速起跳的两个快速连贯性的动作，在这个项目当中，可以利用时间差来快速地摆脱掉防守人，从而实现上篮得分。急停跳投的基础是跳起投篮，它们的区别是在急停跳投时多了急停和起跳两个动作。通常在运球和接球的过程当中会运用急停跳投，当前这项技术已经成为运动员必备的投篮技术，但这项技术对运动员的运球能力和身体素质都有很高的要求，所以需要进行不断的强化训练。

总而言之，投篮水平的高低和篮球比赛的输赢有着直接的关联，所以在平时的训练当中，需要经常进行投篮的练习，本节从多个角度对主题展开了分析，分析了不同类型的投篮技巧，对投篮技术的基本含义和特点也进行了分析，最后提出了运动员提升篮球投篮技术的有效措施。随着我国对篮球重视程度的不断提高，篮球运动将会朝着更好的方向迈进。

第四节　运球技术

篮球运动具有较强的群众基础，受到人们的喜爱。运球贯穿于篮球运动的整个环节，可以说，运球技术水平的高低体现了运动员的篮球技术水平。因此要着力提高篮球运动员的运球技术水平。然而，我国高校当前篮球运球技术的教学过程仍旧存在着许多问题，制约着学生篮球技术水平的提高。本节对高校篮球运球技术的教学现状进行了分析，并在此基础上对高校篮球运球技术的教学策略进行了探究。

篮球作为大众喜爱的一项运动，成为人们日常休闲娱乐的一种方式。在高校，篮球作为体育课程的一项基本内容，受到了大学生的欢迎。在篮球技术的教学过程中，运球技术的教学是课程教学的一部分，因为运球贯穿于整个篮球运动的过程，学生的运球技术水平直接关系着自身的篮球技术水平。因此，在高校的篮球教学中，要注重对学生进行运球技术教学，并努力探究运球技术的教学策略，改变传统的教学方式、教学理念，创新运球技术教学的方式、内容，从而更好地提高学生的运球技术水平，提高学生的篮球技术水平，促进高校篮球教学的不断创新和进步。

一、高校篮球运球技术的教学现状

（一）课程时间短，教师重视程度低

我国高校篮球运球技术教学存在着课程时间短、教师重视程度低的现状。高校篮球教学主要是在体育课上进行，高校体育课程时间短，分配给篮球运球教学的时间也会相应缩短，而且教师注重投篮、传球技术的教学，而忽视了运球技术的教学，也在很大程度上制约了学生运球技术水平的提高。因此，教师转变传统的教学观念，注重篮球运球技术的教学，并适当增加篮球运球技术教学，从而提高学生的篮球运球技术水平，促进学生篮球整体水平的提高。

（二）教学方式单一、落后

篮球训练尤其是运球技术的训练是枯燥、乏味的，这就需要教师创新教学方式，增加课堂教学的趣味性。然而当前，我国高校的篮球运球技术教学方式单一、落后，学生的积极性也不高。在篮球运球技术的教学过程中，学生只是个人或分组进行练习，枯燥的训练使学生逐渐失去对篮球的兴趣，课堂实效性也不高，学生的运球技术水平也得不到相应的提高，这也阻碍了学生篮球技术水平的提高。因此，如何改变传统的运球技术的教学方式，增强课堂的趣味性，激发学生学习篮球的积极性，从而更好地提高学生的篮球运球技术水平是当前高校亟须解决的问题。

（三）篮球运球技术教学未注重学生的差异化水平

当前我国高校的篮球运球技术的教学未注重学生的差异化水平。学生的身体素质水平不同，接受程度也不同，采用统一的教学目标及要求难以提高学生的整体运球技术水平。接受程度较好的学生难以得到更好的提升，而接受程度较差的学生对课堂内容又难以掌握。这样，学生的自信心逐渐下降，进行运球技术训练的积极性也逐渐降低，学生的运球技术水平难以得到提高，课堂质量水平也不高。因此，高校篮球运球技术教学过程要注重学生的差异化水平，进行因材施教，从而保证每位学生都得到提升，促进我国高校篮球运球技术教学的不断进步与创新。

随着篮球运动在全球的发展，运球技术作为篮球技术的重要组成部分也备受人们的关注，然而在更多时候人们是在关注得分，却忽视了运球技术在其中的重要作用。学生中也有很多篮球爱好者，他们各有各自的特点，有的喜欢绚丽的运球技术，有的喜欢接球突破的瞬间，有的喜欢出手投篮后篮球进筐的时刻，还有的喜欢在对手头上抓下篮板的霸气。但在他们中间也有很多不足之处，就拿运球技术来说吧，往往有很多人在运球时会出现很多失误，例如，走步、变向时太慢被抢断、转身运球时重心不稳等，这些都是因为他们自己平时基本功练习不扎实，没有结合正确的训练方法等，因此我们要想真正意义上提高自己的运球技术，必须找到影响我们运球技术提高的因素，进而结合自己的实际情况制定出针对性对策，从而提高自己的整体水平。在此希望通过自己的研究可以找到影响运球技术提高的因素，进而制定出针对性对策，对以后运球技术的提高能够有所帮助。

二、影响学生运球技术提高的因素

影响运球技术提高的因素主要包括个人技能因素、专业技术因素、心理因素三方面。

（一）影响运球技术提高的个人技能因素

1. 协调性

协调性是指人体在运动过程中身体各器官、系统在时间和空间上相互配合完成动作的能力。运球动作的观赏程度很大一部分取决于协调性的好坏，但运球技术的好坏也和协调性有很大关系，有的人在练习转身动作时腰、肩和手部动作就是结合不到一起，就做不出这个动作，还经常容易出现失误，因此，加强协调性的训练也有助于运球技术的提高。

2. 自身力量

自身力量的大小在一定程度上会对运球技术产生很大的影响，例如，在比赛中，对手不可能给你轻松突破的机会，很多都会给你加身体对抗，自身力量强的可以在身体对抗的同时轻松完成自己想要完成的动作，自身力量弱的很可能在完成突破时投篮动作发生改变或直接出现失误给对手更多的机会，因此，加强自身力量可以提高自己的运球技术，能够让你在比赛中艰难的对抗下更好地掌控球的位置。

（二）影响运球技术提高的专业技术因素

1. 球感

球感的好坏对运球技术的提高有至关重要的作用，我们可以采用一些简单有效的方法来熟悉球性，增强自己的本体感觉，例如，原地站立两手指尖拨球、双手拿球绕身体转、原地快速运球等，同时我们必须建立正确的运球姿势，眼睛要从篮球上离开去关注周围的情况，以此来提升我们手指黏球的能力。球感好的显著特点是能对球的形状、轻重、弹性、空间运动的速度和方向的变化达到非常精细判断的程度，这种知觉能使学生在比赛中快速、准确、稳定、巧妙地进行传、接、运球，并且很少出现失误。

2. 运球技术基本功

无论什么运动，想在比赛中发挥更好状态，就必须有扎实的基本功，例如，可以通过行进间的绕障碍物运球，在运球行进时急起急停变速运球，还可以有同伴做阻力进行运球等方法来练习自己的基本功，这些不同的运球组合练习方式不仅有利于我们在练习运球时抓住主要环节来解决自己在练习时存在的问题，同时也体现了运球技术练习的针对性、科学性和实效性，为提高我们的运球技术提供了更多的帮助。因此，我们平常在练习时就要抓好运球技术基本功的练习，只有把基本功练好，在学习其他技术时才会取得事半功倍的效果。

3. 动作速度

在比赛的过程中，假如你想突破防守人，你必须拥有良好的运球技术，包括假动作晃动后突破、交叉步突破、转身过人、胯下运球变向过人等，因此要想快速突破防守人，为自己获得攻击篮筐的机会或为队友创造更好的机会，除了要拥有扎实的基本功外，还必须拥有灵活的脚步动作加上比对手更快的速度，所以必须加强动作速度、快速力量的练习，以此来让自己的运球技术更加熟练，在比赛中应用起来更加灵活。

（三）影响运球技术提高的心理因素

1. 动机

在学习时，自己主动学习和被别人约束着去学习效果完全不同，同样，在运球技术的练习过程中，如果没有积极性，再多的努力也不会取得很好的效果。

所以在练习运球技术时，首先要调动自己的积极性去学习，并且要有主动去激发学习运球技术的动机，而不是老师要求或是同伴督促，例如，你喜欢投篮，但对运球一点也不感兴趣的话，那么无论别人如何教你学习运球技术，你都会置之不理，当然你的运球技术也就不会进步。由此可见，要提高自己的运球技术，必须从自己的内心出发，努力提高自己学习运球技术的积极性，主动地去学习，那样你的运球技术便会很快地更上一个层次。

2. 运动技能迁移

运动技能学习的迁移是指已获得的经验对后来学习效果的影响，已获得的经验对以后的学习起促进作用的称为正迁移，对以后的学习起妨碍作用的称为负迁移。在学习运球技术时，要努力使运动技能的迁移能够提高自己的运球技术，而不是让自己的技术动作发生改变以至于阻碍自己运球技术的提高。在我们平常的练习过程中，要好好掌握运动技能迁移的规律，这样不仅有助于我们合理安排各种技能的学习顺序，而且能强化对运球技术特征的掌握。

3. 运动兴趣

兴趣对一个人能不能做好一件事有很大的影响，同样，运动兴趣对你是否愿意参与某项运动也起到至关重要的作用。要提高自己的运球技术，你首先得对运球技术感兴趣，愿意去运球，如果你只想投篮不想运球的话，那么你的运球技术永远也不会取得实质性的提高。因此，要从自己的内心出发，怀着真实的想法去练习运球技术，从而使运球技术得到提高。

篮球运动经过一百多年的发展已成为奥运会的核心项目之一，美国篮球职业联赛也是世界上最受关注的体育赛事之一。篮球运动的场地要求较低、新建方便，使得篮球运动成为深受学生和百姓喜爱的一种休闲娱乐活动。在我国，篮球已成为各级学校体育教学的必备课程之一。在整个篮球技术的教学过程中，运球技术直接决定了学生的篮球学习水平，贯穿了篮球教学的始终。运球技术的提升不能仅限于传统的"教师教、学生模仿、抠动作、多练习"的模式，这样只能让学生学会运球而不会有较大的技术提升。体育教师必须运用科学训练法，结合学生运动的大数据，对所教班级篮球水平进行整体评估，针对性地制订出合理的运球技术提升计划，并进行教学理论和实践的创新。

三、篮球运球技术提升对于篮球运动教学的意义

运球技术对于学生篮球技术整体提升的作用不言而喻。运球技术不仅包括运动人员原地和移动行进过程中单手拍篮球的动作，也包括进攻中的突破和摆脱防守的节奏和掌控能力。运球技术的熟练应用，不仅能促进学生个人篮球水平的提升，还能让篮球这项集体运动的内部配合和战术水平层次得到大幅度的提高。篮球运球技术的掌握程度直接决定了学生对于篮球的掌控和支配能力，运球技术的最高境界就是实现人球合一，这能够使篮球比赛的节奏掌握在自己手中。在我国的大中小学中，篮球运动的普及程度已经很高，篮球运动已成为许多男生放松心情、舒缓压力的项目之一，对于学生运动协调能力、身体机能的提升有着显著的效果。篮球基本运球动作的教授已不能满足大部分学生的需求，需要传授一些难度较高的技巧性动作，让学生的整体篮球水平得到提升，也让篮球运动的教学不再拘泥于基本动作，而是向着运动对抗中的实战阶段迈进，让篮球运动教学的整体深度跨向更高的层次。

四、篮球运球技术的基本动作和训练方法概述

（一）篮球运球技术的基本动作

篮球运球的基本技术包括低位运球、高位运球和运球急起急停三种。低位运球时，需要在短时间内加大双腿的弯曲度，使重心降低。高位运球则要求运球者目视前方，上身略微前倾，腿部略微弯曲，通过手指和腕部的力量掌控篮球的运球方向。运球急起急停的难度高于高低位运球，对篮球的控制力度更加

讲究，对运球者的身体控制和协调能力要求更强。急起主要是拍球的后上方，而急停则是拍球的前上方，具体需要学生多次训练和感悟才能掌握。

（二）篮球运球技术的基本训练方法

篮球运球技术的训练一般从熟悉球性开始，最简单的熟悉球性就是拍球，高一层级熟悉球性的训练方法是通过指、腕和臂的力量进行运球练习。通过双手交替的运球练习和对墙进行双手运球练习达到熟悉球性的目的。另外，按照体位进行划分，可以将运球训练分为高位运球训练和低位运球训练，还能在体侧进行前后的推球训练。部分水平较高的学生可以进行胯下的"8字"和"左右"运球练习。行进间的运球训练则更加复杂，除在行进中进行直、曲、弧线的运球练习外，还应加强领跑运球的练习，这是篮球比赛中行进突破的关键。除此之外，需要对运球训练中的错误动作进行纠正，以便帮助学生在篮球教学过程中提高运球技术。在运球过程中，不少学生喜欢使用手掌进行拍球，而非运用腕和指的力量，教师应该利用触球和控球，训练学生指、腕的灵活度。运球的手型和运球过程中的变速和变向都是易犯错误的地方，教师必须及时加以引导和纠正。

五、篮球教学中运球技术提高的方法策略

（一）以趣味游戏为训练的内容，让篮球运球训练不再枯燥

传统的篮球教学只注重动作的讲解和练习，通常是教师将动作分解，学生按照分解的动作进行练习，运球训练的运动量大，而且几乎是持续地练习同一个动作，导致部分学生练习多次后对运球训练失去了兴趣。由于每个学生的协调性和学习能力不同，这种枯燥、单一的训练模式使部分能力略低的学生渐渐跟不上上课的节奏，课堂活跃度降低，教学效果大打折扣。教师应从趣味游戏入手，让训练变成一种游戏，在学生"玩乐"的同时，提升学生的运球能力。

结合篮球运球技术的要点，将篮球的运球与跑步接力结合起来，通过绕圈运球接力、直线运球接力等体育趣味游戏，让学生感受不同运动轨迹运球的力量和平衡性掌控，最终达到人、球合二为一的境界。通过游戏，规定不同信号发出后进行的不同运球方式，考验学生的应变和突破能力。另外，花式运球、双手同时运球、运球比赛等，使得篮球运球训练不再枯燥。趣味游戏是训练的一种手段，教师在设计游戏时，要理解它的初衷，尤其在游戏的过程中应注意观察学生的动作情况，必要时进行纠正，牢记趣味游戏的本质。

（二）进行分层式的差异化教学，真正做到因材施教

普及性的篮球教学中，学生的水平参差不齐，个体差异较大。在篮球运球技术的教学中，教师需要对学生进行层次的区分，做到提优补差、因材施教。教师在教案的制作上，应充分考虑各层次学生的实际水平，对于身体力量和协调性较差的学生，多进行基础力量、协调性和基础动作的练习；对于普通学生，可根据教学大纲的内容按部就班地进行教学；对于少部分喜爱篮球运动且基础运球动作娴熟的学生，可安排进一步的障碍运球、定点运球、快速运球等动作难度较高的训练，提高高水平学生的肌肉、关节掌控能力，注重身体对抗过程中的运球技术提升，使高水平学生运球时的身体姿态、手臂动作、球的落点和手脚协调配合达到更高的层次。差异化教学能让学生根据自身的水平和身体状况选择合适的练习方式，避免所有的篮球运球教学千篇一律。在教学过程中，教师除了要教授学生篮球运球的动作要领外，还需要观察学生的心理状态，当学生在学习过程中出现困惑或畏难情绪时，教师需第一时间帮助解决，以提升学生的自信心。

（三）运用组合运球训练的方法，让学生的运球技术更贴近比赛实际

篮球运球技术多种多样，既包括高低位的基本运球，又包括背后、体侧和

胯下等具有一定难度的运球方式。在篮球运球技巧的训练和教学中，除了训练单一种类的运球方式外，还应根据场地、学生的身体状况、学生的运动灵活程度等因素，组织学生进行多种运球方式的组合训练。在场地条件允许的情况下，将定点运球、快速运球、突破障碍运球和运球上篮等运球实战性训练结合起来，让运球教学更接近于实战水平，从而更加快速地提升学生的运球技术。在组合运球的训练中，可以通过在有限的时间内进行运球比赛的方式来检验学生运球技术的掌握程度。比较常用的训练方式是五步式变速运球，以五步作为一个划分，从匀速到加速再到减速的过程。在匀速的过程中，将球控制在脚侧的范围内；在加速的过程中，将球向前推，注意控制步幅和推球的力度。在激烈的篮球比赛中，身体变向突破换手运球的运用也较为广泛，在训练时要注意教授学生对身体的控制。组合运球的训练模式，更有利于提高学生在篮球比赛中的实战运球水平，让运球技术教学不再是纸上谈兵。

（四）通过 AR 技术和以赛代练提高学生的学习热情，让篮球教学生动活泼

随着 AR 技术的飞速发展，很多运动项目的训练已经引入了 AR 技术。2018 年，美国苹果公司在其发布会上，用 iPhone XS 演示了一款名为 HomeCourt 的 AR 篮球训练应用。该应用只需要一部智能手机和一个三脚架固定，就能够对训练人员的姿势、角度、奔跑速率及球的弧度等参数进行精确的计算，在 APP 中也有各类小游戏，在训练人员感觉枯燥无味时进行小游戏的挑战，同样能达到运球训练的目的。这款 APP 为篮球教师的教学收集了数据，教师能够在大数据中找出学生训练的长处和不足，有利于教师制订有针对性的教学计划。学校可以根据教学数据的变化，随时掌握篮球运球教学的成果和不足，为学校的教学评价提供基础。篮球运球技术的提高不能仅局限于课堂的教学，学校和教师应开拓途径，多组织篮球比赛，以赛代练，提高学生篮球运球的技术和实战水平。篮球教师在比赛中应充当好教练的角色，帮助学生找出不

足，便于日后运球技术的改进和提高。多维度的教学模式使篮球运球训练不再平淡无奇，而是变得生动活泼。

综上所述，虽然我国的篮球教学存在教学手段单一、时间短、信息化技术运用程度不高等多种问题，但作为篮球教学的基础训练，运球技术的提高越来越受到学校和篮球教师的重视。相信通过新方法、新技术的不断应用和实践，篮球教学中运球训练的效果会稳步提升，也会让更多的学生爱上篮球运动。

第五节　持球突破技术

篮球是世界上推广得最好的运动之一，我国也是篮球大国，人民群众广泛参与，每年组织的比赛也多种多样。但在国际赛事上我国篮球成绩已经有了瓶颈，很多年轻队员基本功有待加强，基本技术有待提高，本研究着重对篮球运动中的个人突破技术进行探讨，以期为篮球基础性训练提供一定的参考。

一、突破技术的定义

目前国内对突破技术尚无权威且统一的定义，笔者查阅了李文学、王冬、姚巧泉、唐鹏等学者的相关研究，结合自身对篮球运动的学习和实践，认为突破技术是运动员根据场上的进攻需求，在球场上利用运球技术和脚步动作，超越防守球员的一种进攻手段。突破技术的关键在于进攻方在球到手之前，积极无球跑动，利用身体重心、速度、方向的变化摆脱防守方，以求球到手后，第一时间获得空位机会，便于得分。

二、突破技术的原则

篮球运动节奏日益加快，攻防快速转换，抢到防守篮板后，后卫快速推进，前锋推进，大量的三分出手等现代篮球打法成为主流。突破队员必须根据场上形势、防守球员的站位、自身优势选择突破方案。

（一）敌我实力悬殊

突破技术的实现主要根据防守球员的速度、力量、身高、臂长等方面和自身的身体条件相对比来判断。如果自身对防守球员有绝对优势，比如，大打小场面，身高、力量都占有绝对优势，就应该果断突破，赢得机会；如果是小打大局面，就应该慎重考虑，可以采取假突真传，吸引防守方的注意，为队友创造机会。

（二）对方站位失误

进攻方队员应该利用防守方站位的失误来进行突破。在比赛中，由于各种战术的运动，在进攻时会有挡拆、无球跑动、高位掩护等方法来带乱防守方节奏和阵形，很有可能出现大打小局面，或者是防守方被己方挡住，获得突破机会。进攻方应该时刻保持对场上局势有一个准确的判断，迅速观察，只要有突破空间，应当机立断、果断突破。

（三）利用时间差

进攻方由于有球权，处于主动位置，有多种进攻选择。当进攻方选择传球或投篮时，都可以适当采取假动作，或利用眼神欺骗防守方，使得其做出错误的防守判断，从而突破对方。比如，在外线选择投篮时，防守方很容易跳起盖帽，这时进攻方球并没有出手，可以利用此时间差快速突破，获得空位进攻机会。

三、突破技术的选择时机

篮球运动考验的是运动员的综合素质，篮球技术、体能素质、心理素质均在其中。需要时刻观察己方和对方的球员配置，对方球员的身体素质、防守站位、防守强度以及对方教练的战术安排等都是在准备运球突破的时候需要考虑在内的。如果只是一味蛮干，不考虑上述因素进行突破，往往会浪费进攻机会，浪费己方队员体力，甚至被对方有目的地针对，打出反击等。因此，合理选择突破时机至关重要。

当防守方队员失去平衡或者判断失误，被晃开或者点飞时，可果断突破。当防守球员脚步慢、运动能力差，而己方有明显的速度优势时，可以选择突破。当防守球员犯规较多，己方可以勇敢突破，获得罚球机会并造成杀伤目的。己方外线投篮较准，迫使防守方扩大防守区域时，可以果断选择突破，内外结合。防守方有球员过来协防时，应利用突破吸引对方注意，为队友获得空位投篮机会。比赛进入僵持阶段时，应针对性多做突破，造成对方杀伤，获得罚球机会，打开局面。

以上是一些时机的把握，但在真正比赛时，局势瞬息万变，不应墨守成规。应该在遵循篮球运动的本质和原则下，根据实际情况，灵活采用战术，合理突破，获得得分机会。

四、突破技术的基本要素

（一）速度较快

速度在突破过程中起决定性作用，突破这项技术的本身就是利用身体位移速度和运动速度快速超越对手，达到得分目的。进攻方在进行突破时，身体成半蹲姿势，后腿微曲，便于发力。大部分突破步法都是成弓箭步姿势，保证身体可以及时蹬地加速，快速超越对手。运球速度的快慢主要取决于手臂力量和协调性，连续有力地快速运球可以保证球不被切断，达到护球目的。美国男子职业篮球球星克里斯·保罗在教学中演示，运球训练需要用最大力量运球，球如果没有接住，应该弹到天上才算合格。这样可以保证球高速运转，获得更好的突破机会，由此可见运球速率的重要性。

（二）脚步灵活

在突破过程中应该注意脚步移动和运球方式的结合，强调运球者需具备的高超的运球发力技术和良好的缓冲球冲力的技术。例如，美国男子职业篮球球星奥拉朱旺，以左脚为中枢脚，右手持球，向右转身为前转身，向左转身为后转身，利用探步晃开防守人，获得投篮空间，如果对方前扑防守，及时变换方向；如果不前扑，跳投即可。

（三）节奏变化

高效率的运球离不开对节奏的掌控，相同时间内，对球的拍击次数如果相同，称为节奏没有变化。同样的时间，对球的拍击加速或者减速，说明运球有了变化。有针对性的变化节奏能带乱防守者的节奏，从而达到突破对方的目的。你慢我快、你快我停、你停我突，达到消耗对手的目的。如果节奏不加任何变化，防守方很容易判断出你的进攻目的，从而做出调整，甚至是断球获得球权。

（四）假动作的运用

"真假"结合，灵活多变。逼真的假动作可以欺骗防守方的注意，摆脱防守人或者是误导防守人获得进攻机会，使突破技术更具有攻击性。观察高水平运动员比赛不难发现，运球队员运用后转身假动作使防守队员错位防守，然后突然前转身突破，再如急停急起，加之"拜佛"等诱惑防守队员；再如，假向一侧突破的推按球、假收球投篮、假拨推传球、假单手上篮等，或者利用眼神欺骗防守者，看东传西，假突真传等使防守者在防守的过程中更加被动，更有利于进攻者轻松运球突破对手。

持球突破是篮球技术中最基本的突破技术之一，队员运用这项技术的成功与否直接决定着进攻的效率。在篮球运动水平日益提高的今天，各项技术水平都在逐渐改善和提高。这项技术的实战价值已经被提高到很高的认知档次。国内外很多运动员在训练时，这项技术的训练都是必不可少的，无论是后卫、前锋还是中锋。有很多人把运球突破也称作持球突破，其实，持球突破指的是在接到队友的传球后，运用正确的停球方式，将自己的速度由零在极短时间内加到最大，从而达到超越防守队员目的的一种突破方法。这种突破方式急快而且凶猛，是每一个篮球运动员必须训练的内容。同时，这也是一项不太容易掌握的技术动作，需要求学者付出相当的努力，才有可能真正领悟到持球突破的真谛。

五、持球突破技术的重要性分析

（一）持球突破是非常重要的篮球基本技术之一

在篮球的各项基本技术中，持球突破是非常重要的基本功之一，它是建立在熟练地行进间运球能力和移动能力之上的一项技术。只有具备熟练的控球能力，才能保证在很快的速度下运球不失误；无论是跨步急停（交叉步）还是跳步急停，还是突破第一步的大跨步，都要求队员有很扎实的移动步法，所以，队员要有很好的控球能力和移动能力。而在现在的篮球训练当中，教练都会把这项技术作为极其重要的内容来训练，因为这是一项具有相当大杀伤力的基本技术之一。

（二）持球突破是提高球队整体技战术水平的重要因素

在篮球比赛中，我们总是能看到球打进去传出来，再打进去，种种精彩的、快速突破的画面冲击着我们的视觉。队员都是凭着自己出色的持球突破能力，来提高整个队伍的整体技战术水平。纵观很多 NBA 球队，一个球队得分最高的队员位置基本上是小前锋，如科比·布莱恩特、勒布朗·詹姆斯、德怀恩·韦德等，而他们这些小前锋留给我们印象最深刻的技术就是持球突破，非常犀利、漂亮。正是因为他们有很强的持球突破能力，使得整个球队的进攻很流畅，很具有观赏性，也使得球队的整体技战术水平很高。所以，队员有好的持球突破的能力，是提高球队整体技战术水平的重要因素。

（三）持球突破技术是篮球运动员个人能力的关键标志之一

当我们在场下观看比赛（不管是职业比赛还是民间比赛），如果看到场上某个队员不会持球突破或者持球突破的能力很差，就会感觉到这个队员的个人能力不是很好。相反的，这项技术在某个队员身上被运用得游刃有余，无论是突破时机的选择，还是突破后的分球或者突破后的急停跳投，使整个球队的进攻有条不紊，大家肯定一致认为这名队员个人能力很强。所以，篮球队员不仅要掌握运球、传球、投篮等最基本的技术，还要出色地掌握持球突破这项技术，以全面提高个人的能力。

六、持球突破惯用技法

突破是一种技巧性强的进攻技术，篮球运动员灵活运用步法和运球技巧来超越对手。在比赛中，突破时间和合理运用突破技术，不仅可以直接切入篮筐，甚至可以扰乱防守队员的防守策略，从而创造出更好的得分机会，迫使防守队员出现没必要的犯规。如果我们可以将突破和中距离投篮结合起来，我们的进攻手段会更多元化、更有效。

（一）交叉步突破

动作方法：以右脚为中心脚。双脚绕开，两腿轻微弯曲，重心下降，持球并在胸腹部之间。在突破过程中，左脚很快蹬在前脚内侧。身体稍微右倾，左肩向前、向下按压，重心迅速向右移，进攻队员迅速运球同时左脚向右移动，运球，中央踏板快速前进，超越防守。动作要点：蹬跨有力迅速，转身探肩保护球。

（二）顺步突破

动作方法：在突破时先迈靠前的脚（以突破方向为准），它的优势在于启动快，劣势在于对球保护不够，倘若对手恢复防守姿势并提前卡死行进方向则突破受阻。动作要点：后脚蹬地发力迅速，球和脚同时着地或先放球，以避免走步，沉肩抬臂保护球。

（三）后转身突破

动作方法：以左脚为中心脚。站在篮筐的后面，双腿平行张开，双腿弯曲，重心降低，双手握住腹部前的球。以左脚为轴心折断，右脚迈步向右方，上身右转，脚尖指向后侧，右手向右走在球前，左脚前脚在前足踏板上，划出球方向，盘球突破防守。动作要点：控制重心平稳。右脚应该是正确的，当走出右边，左脚内侧将活跃和强大。

（四）前转身突破

动作方法：运球突破时，运球手的异侧脚（左手运球，即右脚）向防守人侧前方蹬地急停，同时借助蹬地的力量，以另一只脚（左脚）为轴直接换手持球，做前转身变向突破动作。动作要点：假动作，移重心，蹬地突破。

七、持球突破技术在篮球运动中的运用探究

（一）充分运用突分球

1.突破防守时，创造队友投篮机会

在比赛中，面对区域防守时，若对方有高度的优势且队友篮下得分受困、中远距离投篮困难，进攻队员应自觉打破摇篮或击球。将对手压向篮筐，迫使对手缩小防守区域进行传球并跟踪或追随目标。未防守的球员，打破球的策略不是得分，而是为中距离和远距离投篮创造机会。

2.高效的突破，迫使防守方犯规概率增大

犯规是根据球场多方面因素具体判断的，最有可能造成犯规的办法就是以扎实的基本功和稳定的技术动作完成进攻并准确判断防守人。突破一般采用急

停跳投或者突破上篮，在这种状态下对手可能犯的规则有两种：阻挡进攻和打手犯规。

阻挡进攻的判断一般依据当时进攻队员和防守队员的脚下位置来判断，若要造成阻挡进攻犯规，那就必须紧贴防守方侧面并且保证不造成顶撞现象，在这种情形下只要防守方破坏突破动作，那阻挡进攻犯规即可达成，且在这种情况下是判发边界球，若产生投篮动作（当对方全队犯规累计达 5 次以上时）将判予两次罚球机会。

打手犯规的判断通常依据出现投篮或者投篮预备动作的时候防守方对身体特别是手进行攻击，比如，拉、打、推等一般有强烈的身体接触的行为。所以要让防守方打手犯规也要拥有好的基本功和投篮技术动作，在进攻的时候要果断和勇敢地以最快最稳定的动作形成自己的有效进攻，也可以附带上"假动作"吸引对方做出错误的防守，如用假动作骗得防守跳起来后你再向上跳，用自己的身体去顶对方并投篮。

在了解规则以后保证自身动作的标准性，再结合假动作诱导防守方做出不标准或者错误的防守动作，同时存在身体接触，即可造成防守方犯规。通过突破造成防守方犯规并且获得罚球是篮球场上常见的有效的得分机会。

3. 采用突破战术迫使对手改变防守策略

在比赛中，对手采用半场人盯人或紧逼防守战术，当贴近防守者时，进攻队员应尽量利用突破技术摆脱防守者或者吸引协防队员，通过突分球技术来制造队员篮下直接得分或投篮的机会等一些高效的得分手段，来迫使防守方改变防守策略。

（二）准确把握运球突破的时机

持球是一种技术，一个球员使用一个灵活合理的脚步和一个现实的假动作，结合运球超过对手。在比赛中，必须根据防守者的位置果断选择突破的时机，充分利用变化来创造和抓住机会。

在无球状态下努力造成对手犯规创造机会。作为一个想要握住球的球员，试着把防守队员尽可能地移动，并使防守队员通过快速而缓慢的跑动和转身变向的动作被动地移动。

接传球后的第一时间为最佳突破时机。进攻队员在未接球之前先对场上情况进行观察，判断出进攻方法和路线，接到球后不要急于运球，因为这一时间是突破的最佳时机。即当进攻队员接到球后一瞬间，可任意选择运球、传球或投篮，处于主动优势，而跟防队员对持球队员的下一动作难以做出判断，完全处于被动状态。此时持球队员应该立刻根据来防对手的跑位或站位，迅速利用各种假动作迷惑对方，迫使对手在移动中被动地随自己的动作而做出相应反应，造成对手出现防守漏洞，持球队员可及时运球突破对手。

利用步伐超越防守队员。超越防守队员，是指持球队员在运球过程中，当防守队员出现失误时，应迅速反应用力跨蹬放球，从而突破对手。当第一时机没有把握或被对手及时防守后，则要求持球队员在运球中，利用熟练的运球技术做各种假动作，如运球急停急起、胯下变向、转身运球、背后运球等动作带动防守队员随之移动，迫使防守队员在被动的状态下移动自己的身体从而出现失误，此时利用合理的步法及时超越对手，或者利用队友无球掩护来突破对手。总而言之，在运用假动作时要有战机意识，随时注意观察判断防守队员的眼前反应和可能反应，及时地进行突破。

在现代篮球比赛中，持球突破能力是衡量个人篮球运动综合实力和水平的重要标志。不管是篮球教学的爱好者，还是初学者，都应该重视篮球技术基本功的发展，掌握并合理运用篮球持球突破技术，发挥篮球技术的最大潜能。

第六节　防守技术

一、防守技术及目的

防守技术是指运动员为了夺回控制球权或阻止对手进攻行动而采用的策略技巧与行动方法，它包括防守移动、防守有球球员、防守无球球员等。防守技术运用的目的十分明确，即破坏持球队员进攻的效果，堵截无球球员的进攻路线，干扰对方进攻机会与战机，获得控制球的主动权。

防守技术是组成全队防守战术的基础，直接反映出运动员的防守能力和全队的战术风格。防守技术的发展随着篮球运动攻守演变而发展，随着进攻技术的提高而改进，随着防守战术的变化而丰富，同时还受到篮球竞赛规则修改完善的制约和促进。现代篮球运动的发展，使防守技术有了很大的变化，体现为防守的目的性明确、防守的对抗性强烈。防守的攻击性加强，防守急于进攻队员的威胁和压力加大，迫使对手违例和失误的次数增多，因而对防守运动员的防守意识、防守能力和防守技战术素养等提出了更新、更高的要求。

俗话说，"以退为进，以防为攻"。进攻与防守是赢得比赛的两个核心要素，而防守作为篮球技战术运用的一种策略，是取得比赛胜利的基石。然而当前我国高校篮球在防守技术方面还存在选位站位不准、步伐移动迟缓、协防联防整体配合亟待提升等诸多问题和挑战，面对这种新形势，需要在日常训练中树立起"大防守"的理念，走出一条个体防守与集体防守协调并进、防守技战术综合运用与攻防灵活转换和谐发展的路子，提升高校篮球运动员的比赛水平。

二、防守技术的特点

（一）预见性

预见性是战术意识的重要组成部分，是对进攻方进攻时球的运动方向的判断和把握。一般来说，进攻方为避开防守，会通过各种假动作来迷惑对方。作为防守方，要快速对进攻方的动作做出评估和判断，以有效洞察进攻方的球路轨迹，进而实现成功防守。一是保持防守意识，实施拦截和抢球。判断依据是球的速度、落点位置等。二是保持防守的动作。比如，在对方进攻前，事先做好屈膝、滑步的准备动作，时刻保持动作上的防守先机，重点是把握好身体重心部位，保持身体平衡。如果自身所处位置不利于防守，或者角度上、距离上存在偏差，可通过滑步进行调整。

（二）抗干扰性

抗干扰性主要是针对队员的心理活动所说。作为进攻方，在带球进攻的过程中，会通过各种假动作、迅速传球等方式给对方造成一定防守技术的干扰，以掌握更多控球权。作为防守方，一方面要清醒地认识到进攻方的干扰目的，摒弃各种干扰，提高心理的抗干扰性；另一方面要正确认识防守本身也是一种对对方的干扰，正是这种"干扰"对"干扰"的对抗过程，才形成了篮球运动的看点。防守有力，说明防守方的自我干扰性强，抗干扰性也强；相反，防守不力，说明自我干扰和抗干扰性较弱，防守策略没有达成。队员之间、队员与教练之间要加强沟通，从心理、精神状态、战术策略等方面做出相应调整和变化，以变被动为主动，实现成功防守。

（三）协作性

协作性主要是凸显团队合作的重要性。高校篮球比赛中，受传统思维、价值观念等方面的制约，往往存在一个误区：一对一盯人防守效率高，团队防守效率低。事实上，一对一防守策略是一把双刃剑，要么成功掌握控球权，要么防守失利给对手机会。所以要在一对一防守的同时，实施团队防守。这样一对一防守一旦失利，可以进行二次防守，即团队防守。

三、高校篮球运动员防守存在的问题

（一）防守意识和预见性亟待提高

受日常训练理念、赛事心理等因素的影响，比赛过程中，高校篮球运动员的防守意识和预见性较为薄弱，主要体现在三方面：

一是选位力不从心。比赛中攻防瞬息万变，对运动员的防守选位要求较高。有的运动员对进攻方选位距离过近，易造成频频犯规；有的运动员距离过远，不能贴近对方形成有效防守。所以，运动员对选位要有较好的灵活的把握，通过滑步掌控与对方的距离，在确保不犯规的同时让对方感觉到防守的攻击性，对其进攻造成压力。

二是补防意识不到位。当前一个运动员单防失利时，紧挨着旁边的队友还仅仅满足于一对一的防守训练规则，缺乏补防意识，使进攻方找到进攻突破口，从而投篮得分。

三是协同意识、封盖意识不足。当对手突破一对一单防或者暂时并未突破，但控球技术较强，需要队友进行协同防守时，但一般队员缺乏协同意识，联合协防建立不起来。同时，拼抢意识不到位，认为只要对手投篮脱手，便陷入防守被动，即使再争取，也无回天之力，然而事实并非如此，如果善于发挥身高优势，且有盖帽意识，即使对手已投篮，也可能并不成功，相反，给对手造成防守压力。

（二）防守方法急需完善

受身体发育阶段的影响，高校篮球运动员的踝关节、腿部等身体部位处于发育期，普遍存在力量不足、耐力不够的现象，主要表现在：一是防守时的身体重心偏高，日常屈膝训练执行不到位。二是手脚协调性不强。相对来讲，"手上"功夫好于"脚下"功夫，这既是身体的本能反应，也是日常训练方法的体现。这样直接导致三种后果：一是容易造成犯规，给对手机会；二是防守步幅较小，无法获得有利位置，也不能及时紧跟对手；三是身体移动较慢，滑步堵位不积极，往往错失先机，使防守处于被动。

（三）防守的固有攻击性尚待激发

防守的一大目的就是采取各种有利方式最大限度地给对手制造控球压力，使其无法成功投篮。但在比赛中，高校篮球运动员往往防守的精气神不够、主动性不强，缺乏拼杀的攻击性。主要表现在以下方面：一是堵位意识不够。有时"一防"严密，直逼对手仓促传球，这时运动员顿觉完成了防守使命，在防守紧迫感稍有松懈之时，岂不知对手又把球传到先前已成功防下的进攻方运动员手中，对手趁机取得投篮机会。由此，一防成功，二防失利，导致防守前功尽弃。二是贴身防守意识薄弱，封盖、挡抢意识不足。有的运动员为避免犯规，对贴近对手防守战术深表顾虑，在落实执行方面大打折扣。三是连续防守能力不强。单防紧逼、双防夹击、多防反击、抢断球等能力欠缺，整体攻守转换不连贯，防不胜防，守不成网，防守节奏跟不上。

（四）防守技术的综合运用能力不足

俗话说："养兵千日，用兵一时。"比赛场是对日常训练成效的检阅。攻防之间、防守之中，变化和转换往往在一瞬间。所以作为防守方，无论是防人，还是防球，无论是人盯人，还是协防、局部联防，以及区域防守，高校篮球运动员在比赛中的具体运用，还存在攻击性小、破坏性小的问题，特别是防守方法的综合运用意识和能力更显不足。

四、加强防守的对策和建议

（一）以人为本，锤炼篮球运动员防守的良好素质

良好的素质是抢先进位，取得比赛胜利的关键。一是健壮的身体素质。在日常防守训练中，要在遵循身体发育与成长科学规律的基础上，加强运动员踝关节、腿部的力量训练，使运动员有足够的"脚下"功夫与身体耐力，支撑身体重心的下移，加快防守时身体移动的步伐，以快速抢位断球堵卡。同时，加强运动员骨骼肌的专项训练，大大提升骨骼肌的收缩力，以增强对对手的拦截能力。其中，这里的专项训练既包括爆发力，也包括耐力素质，还包括弹跳素质。另外，加强运动员的对抗性力量训练，提高贴身防守的意识和能力，在一对一防守中保证不犯规的前提下，最大限度地给对手制造压力。二是强大的心理素质。防守往往比的是信心和耐力，要求运动员有良好的心理素质。一要有胜不骄败不馁的平和心态。防守本身就是力量与力量的对抗，一防防下来了，不等于对方不配合投篮进球，一防防不下来，也不等于协防不成功，所以运动员要正确对待变化万千的赛场，增强团队合作意识，以团队力量制衡对手进攻，达到以防促攻。三要是有灵活应变的意识。防守怎么防，要防出气势和水平，既要发挥个体力量，更要发挥集体力量，既要从点、位入手，也要从面、区域布局着眼，防要成网成势，守要固若金汤。

（二）内外兼修，打造防守合力

防守二字，防要有方法与技巧，守要有分寸与尺度。唯此，方寸之间，才能固若金汤、坚不可摧。对内，一要加强内部人员的沟通，包括防守策略、方法的运用，达成防守共识，形成防守合力。二要加强内线防守队员的防守配合训练，增大整体防守面积，重点防守内线对手的运球攻击。比如，在防对手有球队员时，要实施贴身防守，有意识地逼迫对手向己方有协防的区域运球。

防对手无球球员时，要正确抢位站位，注重区别强弱侧，对无球强侧，以封锁对方接球为目的，对无球弱侧，以协防己方队员为目的。对外，一要学习国内外包括对手在内的先进的攻防技战术，包括个体防守的点对点压制对手、抢位堵位的脚步移动、断球封盖的技术技巧等。二要加强外围队员的防守训练，发挥区域联防功效，形成内外防守遥相呼应，共同制约对手的局面。特别是面对犯规、比分落后、配合失误、队员情绪出现低落时，要相互鼓励、提振信心、奋起直追。

（三）不拘一格，灵活运用防守技术

赛场瞬息万变，要把握住关键赛段，把控全场比赛结果。在防守技术的运用上，运动员既要谨记日常训练要领，又要秉持赛前防守策略，更要在比赛中根据对手攻防实际，灵活机动地实施防守技术。比如，人盯人战术，如果内线队员对对手的攻击性较弱，外线队员要适时给予协防、补防，或者对重点球位给予重点对位联防和夹击配合，以有效遏制和化解对手的攻防气势，利于己方创造防守反击的机会。又如，如果个体防守侵略性强，达到压制对手的目的的同时，会因防守区域大、犯规次数多，出现顾此失彼的一系列问题，这就需要队员有意识地弥补和予以解决，助推集体防守与个体防守的无缝对接。

防守的目的是遏制对手的进攻，助推己方的反击。高质量的防守是比赛取胜的关键。作为高校篮球，只有秉持"大防守"的理念，树立相互配合、相互协作、集体作战的意识，灵活运用防守技战术，才能防对手进攻于帷幄之中，守对手投篮于方寸之间，不断取得比赛新胜利。

五、防守技术的主要内容

篮球防守技术主要包括防守移动、有球球员防守、无球球员防守等几种不同类型的防守方式。

（一）防守移动

防守移动是指运动员在防守中变换位置、方向、速度和正确高度而采用的各种快速、突然的脚步动作，它包括起动、急停、转身、交叉步、变速、变向跑、滑步、攻击步和后撤步等。

防守队员对持球队员的防传球、防投篮、防运球、防突破；对无球球员的防纵切、防横切、防反跑、防溜底以及抢断球和抢防守篮板球等技术的运用，无一不是建立在快速多变的防守移动基础之上。防守基础配合和全队防守战术配合尤其是综合多变防守战术的运用，也是以灵活多变的防守移动为基础。运动员的防守移动能力受其身体素质、思想作风、意志品质和防守意识等因素的支配，能否观察判断准确、反应起动及时、脚步移动到位，直接反映出运动员的防守能力、对抗水平和防守风格。提高运动员防守移动技术的关键，在于提高其控制身体重心的平衡能力和提高髋、膝、踝关节转动的灵活性，以及提高运动员的防守意志品质与作风。

（二）有球球员防守

有球球员的防守，是指运动员对持球队员的进攻行为采用干扰、破坏的策略、技巧与方法，它包括防传球、防运球、防突破和防投篮等。目的是封锁其助攻传球，堵截其运球或突破，干扰和破坏其投篮，并积极地抢、打、捅、封、断球，以达到控制球权或破坏对手进攻之目的。

在对有球球员防守时，主要的防守内容如下：在防守对手传球时，通过积极阻挠与封锁，不让对手轻易、随便地传球，逼使对手向无攻击威胁的位置传球，创造为同伴防守抢断球的机会；在防守对手运球时，防守目的是堵截其运球路线，不让对手轻易进入"腹地"，迫使对手向边线和场角运球，诱使对手进入"陷阱"，为与同伴防守创造夹击机会；在防守对手突破时，防守的目的是堵截其突破路线，抢占合理位置，不让对手轻易超越自己，迫使对手无法完成习惯性的突破攻击动作，以削弱其攻击力；在防守对手投篮时，防守的目的是干扰和破坏对手的投篮时机与投篮节奏，迫使对手改变习惯的投篮动作，不让对手轻易地投篮出手，并抢占合理位置堵截对手冲抢，为争抢防守篮板球创造位置与机会。

防守有球球员的效果取决于正确的观察与判断，及时了解和掌握对手进攻的技术特点，合理运用快速灵活的防守移动技术，随时抢占有利的防守位置，积极挥动手臂干扰和封锁对手的投篮、传球和运球以及手脚配合协调等因素。

（三）无球球员防守

无球球员防守是指运动员对无球球员的进攻行动与行动路线采用堵截、干扰和破坏的策略、技巧与方法，它包括防纵切、防横切、防背插、防溜底和防反跑等。防守无球球员的目的是要随时切断对手与持球队员的联系，控制和制约对手的行动路线，及时判断对手的位置以及与球和球篮的位置关系，观察和判断对手的行动意图、配合方法和习惯的切入路线与技术方式，合理运用防纵切、防横切、防背插、防溜底和防反跑的防守技术，采用有针对性的防守策略与防守方法。

在对无球球员防守时，主要的防守内容如下：在防守对手纵切时，防守的目的是堵截对手朝有球区域切入的路线，不让其接球进入禁区腹地，迫使其朝场角移动；在防守对手横切时，防守的目的是破坏对手在有利的攻击区或习惯的攻击位置上接球的机会，不让其轻易获得球权，迫使对手改变其进攻移动的意图；在防守对手背插时，防守的目的是隔断对手与持球队员的联系，阻止对手朝球移动，不让其在禁区周边接球，迫使对手朝外线转移；在防守对手反跑时，防守的目的是封堵对手的移动接球路线，力争抢断和破坏对手的传球；在防守对手溜底时，防守的目的是堵截对手的移动路线，延误对方进攻配合的战机，不让对手在篮下禁区接球投篮，迫使对手朝外线移动。

防守无球球员还要及时果断地进行协防配合，应具备随时补防、关门、夹击和换防的集体防守意识与能力。在篮球比赛中，防守无球球员的人数多、时间长，防守质量的好坏直接影响到全队防守战术的运用效果，对运动员的作风、意识、能力和意志品质提出了更高的要求。

六、防有球球员技术分析

所谓防有球，是指对进攻方持球队员的防守，其防守的主要任务是控制和制约持球队员的各种持球进攻行动，包括防突破、防传球、防投篮三个基本防守环节，从防守技术要求上，三个防守环节的技术要素和技术结构是相统一的，防守选位、防守移动、防守中手臂的要求等都要体现出一致性。

（一）防投篮技术

防守投篮的关键是与有球球员的距离与防守队员的反应能力，距离以一臂最佳。膝盖微曲重心落在前脚掌，随时准备起跳封盖，脚步根据不同位置采用斜步或平步。防守投篮较准的对手时，要分析其投篮的特点和习惯；根据其准备的姿势、持球的位置和视线位置，判断防守对象有没有投篮意图；当对手投篮时要上步封阻，破坏其投篮动作，干扰其出手方向；如果对手跳起投篮，要及时跳起进行封盖。

（二）防突破技术

在训练中除各种基本滑步以外，还要特别重视后撤步、追停步、失位的抢步、防碎步后退步、侧身交叉步（追防）等。尤其注意张手扬臂的习惯和多种步法的组合运用。还要注意提高身体素质，防守意识的培养离不开基本技术，良好的身体素质和全面的技术才是提高防守意识的基础。在训练时每一个动作都有其目的，要根据场上的情况通过感知、模仿、操作等实践活动，各种信息经由处理和储存，以便在实际对抗中产生反射性应对。防守突破能力较强的对手时，要根据其在场上的位置、中枢脚、假动作等采取对策；如对手中枢脚在前面时，可以适当逼近，用同一侧的脚卡住他的中枢脚，使他不能使用交叉步突破；如果对方用同侧步突破时，也很难在对抗中接近篮筐；如果对手习惯以右手运球突破，经防守时不让对手传球是难以做到的，但重点要防其向篮下传球。

（三）防传球技术

比赛中可以根据传球队员的视线、持球部位分析其传球方向和出球点。防守外线球员时要积极挥动手臂不停以合理的手上动作干扰，使传球队员无法及时传球甚至造成传球失误。同时，可以用急上撤步，破坏他的传球意图，使其无法准确地做出决断。要掌握"宁横不竖"，宁愿让其横传球，不让其传球到内线，"宁远不近"迫使对方长传、高吊。防守内线持球队员传球时，要做到"宁外不里"，就是对方得到球后，要迫使对方回传给外线队员，不让他有机会给其他内线球员或向其他空切并有机会进行进攻的球员。

在一个整体的防守中，防守持球队员的只有 1 人，其他 4 人则是处在对无球进攻队员的防守之中。因此我们可以得出结论："一场比赛中队员更多的时间是进行无球防守。"对无球进攻队员的防守核心是任何时候都要阻止和控制攻方队员向最有利进攻的区域移动并接球进攻，这就需要防守无球球员在持球进攻队员与无球球员之间正确选择防守位置，同时随着球员和进攻队员的转移变化及时调整位置，保持人球兼顾的防守主动地位。防空切技术防守无球球员，要做的就是不要给对方跑空位，尽量不要让对方在舒服的位置接球，或者内线卡位的时候，不要让对方太过于接近篮筐下接球。

防无球切入。对手切入时，要积极进行堵卡，不能让对手顺利地切入。如果对方向篮下切入，可以用身体或手臂合理地挤压，迫使对方绕道变向或失去最佳进攻位置，同时要用手臂在对手与球的方向进行挥动，干扰其接球，使传球队员不敢贸然传球，如果对方进行横切时，必须先堵住对方向前传球的路线。然后堵在切入队员的后方达到有效的防守。要根据球和自己防守对手所处的位置来确定和调整自己的防守位置。有球的一侧为强侧，无球的一侧为弱侧。

当自己防守的对手处在强侧时，因其靠近球，随时都有接到球的可能，所以要全力封锁对手接球，同时又能控制对手向篮下切入。防守队员应采取错位防守，即站在对手与球篮之间偏向有球的一侧。当自己的防守人在弱侧时，因为距离球比较远，进攻威胁相对比较小，可以适当地偏向有球的一侧或者向篮底下收缩，这样有利于协助队友防守，也可以很好地保护篮板球，但是也要时刻注意无球球员的跑向。

协防。防守无球球员并非只是防住自己所面对的无球球员，这只是防无球的职责之一。协防、补防、关门、夹击和破坏掩护是防无球的重要职责。防无球的这些防守职责是构成全队整体防守的重要环节。通常要求防无球球员要防1.5，防守的1是指对自己所防的无球球员的控制，而0.5则是指对球的协防。

在防无球球员的过程中，首要原则就是"人、球、区兼顾"，而这种所谓兼顾也就决定了防无球球员的过程中技术上的特殊要求。首先是防守的选位，这种选位必须是建立在球的变化以及自己所防进攻队员所处的区域来决定的。强侧防无球球员和弱侧防无球球员都是严格按照错位防守的选位。强侧防守无球球员的选位是主动向有球一侧和篮下略微移动，保持面对人（无球进攻队员）、侧对球（持球进攻队员）的选位，靠近持球队员一侧的腿在上位，同时靠近球一侧的手臂要伸出，保持在传球路线上，这样一种防守选位既可以控制无球球员的切入、切断无球球员和持球队员之间的联系，同时，也可以对持球队员的突破进行协防和关门。

破坏掩护。进攻是一种整体行为，掩护是这种整体行为中的重要内容，也就是篮球理论中所说的配合形式。掩护是构成进攻整体战术的重要配合形式之一。防守对于进攻的制约和控制中破坏掩护也是重要的环节之一，破坏掩护是防无球球员的重要职责之一，在有效控制好自己所防的无球进攻队员的同时，对于进攻队员之间的各种掩护配合要进行积极主动的干扰、破坏。破坏掩护的技术主要还是体现在主动地卡堵进攻队员之间的掩护路线，合理运用身体挤、顶，对掩护的角度和位置进行主动的破坏，最大限度地干扰和影响掩护的质量，使得掩护不能够达到应有的效果或彻底破坏掩护行动。在对各种掩护配合的控制和破坏中有一些专门的配合技术，包括挤过、穿过、绕过以及换防，这些控制和破坏研究的行动既是配合，同时又是个人防守技术的运用，称之为专门的防守配合技术。在准确运用各种防守的基本技术基础上还蕴含着特殊的技术要求。

（四）关于防守意识的理解和认识

意识是对物质和客观现象的反映，篮球运动中所谓意识是指运动员对于篮球运动攻守规律的一种认识和理解。篮球意识是运动员在多年系统训练和比赛基础之上逐步形成和建立起来的。同时，防守和进攻是篮球运动的基本矛盾，攻守之间是一种既相互对抗又相互依存、既相互制约又相互联系的辩证关系，矛盾双方的较量和斗争，是篮球比赛赖以构成的基本前提，攻守矛盾的不断较量和对抗是篮球运动不断发展的基本动力，也是篮球运动之所以充满魅力的根本所在。

防守地位和意义的认识是防守意识的核心。攻守对抗决定了篮球运动的存在和发展，作为篮球运动员，必须是攻守兼备才有可能立足于比赛，防守的地位和意义的认识是运动员首先要具备的基本意识，篮球运动不是单纯比进攻，任何重攻轻守的思维都是不可能成为优秀的运动员的，对防守地位和意义的认识是衡量一名篮球运动员防守意识好坏的核心标志。具有强烈防守意识的队员，在比赛中才有可能体现出积极主动、坚韧顽强的防守行为。所以，对于防守重要地位和意义的认识，在防守意识概念中是核心。

防守意识是一种对篮球运动攻守规律的综合认识和理解。没有进攻防守无从谈起，所以认识和分析防守意识必须将攻守的矛盾统一在一个层面上去认识和理解。防守意识不是一种孤立的概念，防守意识的建立和形成，首先要对进攻有全面深刻的认识，包括对各种进攻技术、进攻战术运用以及运用中各种变化规律的认识，了解和认识进攻才有可能明确如何去控制和制约进攻，没有对于进攻技术、战术规律的深刻认识，防守势必是盲目的和被动的，所以防守意识的首要内涵是对进攻的认识；其次，防守必须清楚不同的进攻行为应该采取不同的有针对性的防守策略和技术战术的运用，这是防守意识第二层次的内涵。也就是面对进攻的各种行动，防守必须十分明确自己应该干什么、怎样的防守行动才是最合理的，这就是防守意识的具体体现。所以防守意识是一个综合的概念，是包含对进攻和防守技术战术综合理解基础上的一种反映和认识。

防守能力是技术和意识的统一，两者有机统一，才能真正建构起一名队员的战术防守能力，技术是控制和制约进攻的基础，而意识则是指导和支配防守技术的准确合理的运用。技术的运用规律概括和抽象为意识，意识又决定着技术运用的准确性和合理性。防守技术是基础，防守意识是灵魂。

随着篮球运动的发展，攻守对抗的激烈程度也在不断增强，防守综合能力的提高，防守队员进攻的控制制约力度越来越强，不论什么层次的队伍，要想整体提升水平，首先要使防守综合能力得到强化，没有严谨周密、强硬坚韧的防守体系，要想在比赛中赢得主动、获取胜利是不可能的。研究剖析现代篮球防守技术、认识防守意识的内在本质，形成对于防守的完善系统的理性认识，对于不同层次队伍的防守训练有着非常重要的实践意义。

在传统防守理论的基础上，深入探索和分析现代篮球防守的发展和变化，从中发现和总结防守技术和防守意识中的变化特点和变化规律，创新现代篮球防守理论，对篮球理论研究而言也是一项重要的工作。

（五）篮球中锋防守技术

许多教练在探索篮球训练的方式上不断摸索。一段时期重视防守胜于进攻，之后又重视进攻胜于防守。在篮球规则不断修改的当下，世界各国的强队在篮球打法和风格上越来越趋向于进攻。而一次成功的防守，巧妙地瓦解对手的一次进攻战术，往往成为决定比赛胜负的关键。因此不论是现在还是将来，防守永远是篮球场上争夺比赛胜利的焦点。培养队员良好的防守意识、优秀的防守技术永远是每支球队艰巨而漫长的任务。

笔者根据相关资料，结合自己的一些观点和看法，对中锋防守技术如何进一步提升进行了分析与研究，总结出了几项有关中锋防守技术的原则。希望能为众多一线体育教师在运动员培养方面提供一些借鉴和帮助。

1. 何谓中锋防守技术原则

篮球比赛场上，中锋队员在防守过程中所表现出来的各种动作、行为称为中锋防守技术。中锋防守技术是运动员在教学、训练、比赛等实践活动中产生并逐步形成的。在防守技术形成一系列系统化、规范化的技术动作过程中，防守原则也就相应地产生了。具体地说，防守技术原理是指中心球员长期处于防守位置的一些有效的技术动作和方法合理有效运用的总和，对运动员临场比赛具有指导思维、实施战术行动的作用。

2. 中锋防守原则的建立

必须具备极好的防守体力。强壮的身体条件是一个优秀防守队员必须具备的基本条件。对一个体形高大的中锋队员来说，无论是进攻还是防守，体力的消耗要远大于一般队员。这是由中锋防守位置决定的。在限制区内不仅中锋队员之间的对抗相当激烈，而且防守者也需要频频地封堵、补防、卡位、抢篮板等，因此对防守队员体力的要求就相当高了。

常规情况下，运动员的体力和防守能力存在极大的关联。倘若在几分钟大强度防守后，队员就变得筋疲力尽，即便他还有很强的防守欲望和很高的防守积极性，也将无济于事。篮球运动员在体力下降的情况下，容易表现出注意力不集中、反应迟钝、肢体配合紊乱、容易犯规等情况。防守队员体力差势必造成全队防守效率的大大降低。

要解决防守体力问题通常没有捷径，只有通过严格的身体素质训练，才可能在赛场上保持旺盛的体力，才有可能挡住对手强有力的攻势，最终赢得比赛的胜利。

充分的赛前侦察工作。在篮球比赛中认清对手、了解对手，掌握对手在比赛中的各种技术动作和战术意图也是极为关键的。由于各种因素的影响，赛前侦察工作的开展难度较大，而且工作量也很大。教练员和运动员应尽量抓住现场侦察对手与其他队比赛的机会，进行分析讨论。或者利用现场实况录像进行有针对性的观察、分析、研究、讨论。掌握对手在对方全队中所起的作用，然后制定好应对措施，并反复地练习、磨合。在充分的准备工作以后，防守者才不至于在上场后手忙脚乱，并且能根据预先的安排，采用合理的技术动作，做到先发制人，合理压制对方的进攻节奏，在赛场上占据主动权，大大提高获取比赛胜利的可能性。

保持正确的防守身体姿势。在篮球比赛中，运动员身体对抗激烈，特别是在高大中锋队员之间。谁能在比赛中抢占有利位置，并且更好地控制自身平衡，谁就能控制对手、控制比赛。因此防守者在赛场上保持怎样的身体姿势就显得尤为重要。中锋防守队员应在掌握身体平衡和灵活移动的情况下采用最宽的身体站立姿势。适时地把全身的重量均衡地分布在两脚上。当防守者在限制区附近防守对方无球球员时，应使身体尽量贴紧对手，并用脚限制对手的移动范围。为干扰中锋队员在篮下轻松接球，防守者的手臂应尽量前伸，并不停地挥动，以干扰对手的视线，伺机断球。

防守者在运用后撤步、侧滑步、上步、转身等技术动作时，要注意控制好自己的重心。在对手做出假动作时，不可以轻易起跳或侧滑而失去重心。防守者不仅要时时警惕对手的身体变化，而且要时时注意自己的身体姿势是否能够随时向各个方向移动、补防、封盖等。保持正确的身体姿势是打好防守的基础，也是关键，只有在赛场上始终保持良好的身体防守姿势，才能有效地控制对手，从而控制整个比赛。

中锋防守的占位原则。比赛中，进攻时中锋一旦在禁区内，往往会给防守端的中锋、前锋、后卫造成很大的压力。因此为有效阻止对方中锋队员在限制区得到球，防守者防守时站位的选择就显得尤为重要。当对方中锋抢占了靠近篮下的位置，球传到中锋前面或防守弱侧的情况下，要想在中锋后面堵截传给中锋的球，那是相当困难的。因此，防守者需要尝试进行绕前防守，绕到有球侧并紧贴对手，时时注意对手的移动方向。在绕前防守时，防守者不能静止不动，应不停地在中锋前后及有球侧移动，使进攻者很难掌握好传球和高吊的机会。当对方队员投篮出手后，要抢占对手与篮筐之间的位置，用脚步和身体动作卡住对手身体，缩小其跳起抢篮板球的范围。

当对方中锋队员在罚球线距离拿到球后，防守者应与其保持一步距离，以更好地监视对手传球或突破的方向，当对手跳起投篮或传球时，也能有足够的起跳距离，并能与同伴协同封盖或抢断球。假如对方中锋在篮下得到球，防守者要占据其后面的位置，并且要逼近对手，迫使他远离球篮，最好能使对手在紧逼的情况匆忙投篮或传球。

瞬时判断，积极行动原则。篮球场上瞬息万变，防守者必须始终保持清醒的头脑和高度的警惕性，集中注意力分析对手的技术动作和战术安排，快速、准确、及时地做出判断。运动员的快速判断能力取决于他对对手的了解程度，以及平时比赛经验的积累和对场上特殊情况的应变能力。

在赛场上表现为干扰对手视线、抢断球、卡位、封堵以及同对手积极的身体对抗。防守者必须在场上不停地移动双脚和挥舞双臂，造成对手生理和心理上的巨大压力，不能让其有丝毫喘息的机会。同样防守者在场上也不可以有丝毫的懈怠，突破时要快速封堵，对手传球时要尽可能地抢断，对手投篮时要积极地跳起盖帽。

　　中锋防守的团队协作原则。众所周知，篮球是一项集体对抗的比赛项目，在防守中要更加重视集体协作防守的力量。中锋的防守需要充分体现团队协作的原则，以保护篮筐、阻挡对手进攻为目标，实现整体防守的高效性。以下是中锋防守时的团队协作原则。首先，沟通是中锋防守的基础。在球场上，有效的沟通是确保团队协作的前提。中锋需要不断与队友交流，提供信息，指挥防线。通过清晰的沟通，中锋可以帮助队友更好地理解对手的动向，协同作战，形成紧密的整体防线。其次，中锋需要具备协调防守的能力。中锋通常负责保护篮筐，但篮球比赛是一个动态的过程，对手可能会有快速的变化和突破。因此，中锋需要时刻调整防守位置，与其他防守球员协同合作，形成一个密不透风的防守阵型。这要求中锋有较强的协调能力，能够灵活地适应比赛的变化。此外，中锋需要有出色的团队意识。防守不仅仅是中锋一个人的事情，而是整个团队的协同作战。中锋要时刻关注队友的位置和动向，做出及时的支援和帮助。在对手发起进攻时，中锋可以通过协同防守，制造对手的进攻空当，降低对方得分的可能性。团队协作的另一个重要原则是互相信任。中锋与其他防守球员之间需要建立起深厚的信任关系。中锋需要相信队友能够履行自己的职责，而队友也需要相信中锋在关键时刻能够发挥出色的防守能力。通过建立互信，团队的协作水平将得到有效提升。最后，中锋防守需要具备适应性。对手的进攻策略多种多样，中锋需要具备适应不同对手的能力。这包括对不同球员的防守方式、防守战术的灵活运用等。中锋需要在比赛中不断调整自己的防守策略，以应对对手的变化，确保整个团队的防守体系更加稳固。总的来说，中锋在防守端的表现直接关系到球队的整体防守水平。通过良好的沟通、协调、团队意识、互信和适应性，中锋能够更好地发挥自己在防守端的作用，为球队取得胜利贡献力量。这些团队协作的原则不仅适用于中锋，也适用于整个篮球队伍。

　　中锋防守的攻击性原则。压迫式防守是指利用防守技术手段，打乱对方节奏，破坏对方技战术配合，造成对方各种失误和违例的增多，从而增加本队获得球权的次数。篮球发展至今，其凶猛的强度变得更加明显，主要表现在争夺攻防对抗。防守的压迫性是为了更加有效地遏制住对手凶猛的攻击，同时为自己创造出更多的进攻条件。

实现压迫性防守，首先，要界定"防守就是进攻的开始""应该猛守不攻"；其次，培养学生极强的执行力。这主要表现在比赛场上：勇于想办法接近对手，不怕摔了他的胳膊，不怕打到手臂，大腿顶不害怕。堵漏突破人的时候，对手的勇气透露自己的身体不怕遭受打击；抢到防守篮球的时候，要敢于去挤位，与对手周旋到底，视情节冲突，要善于快速跳转、跳高等。压迫性防守并没有一个特定的模式，需要场上的防守队员根据场上实际情况进行因地制宜的灵活运用。

防守的规则性原则。篮球规则是基于篮球比赛的。无论是进攻还是防守必须是规则所允许的条件下攻防兼备作战。因此在防守技术动作的培养过程中，必须遵循规则的许可性和特殊性，有意识、有目的地进行训练，提高防守技、战术能力，从而使运动员的防守能力更具合理性、有效性。

中锋队员在篮下防守，队员间的身体接触就显得越加频繁、激烈。因此中锋防守队员更应吃透篮球规则的精神，合理地运用规则为自己创造有利的条件。例如，当对方的中锋队员在本方限制区内时，防守者要大胆地向其逼近，和他在限制区内碾磨，以造成对方三秒违例。当对方队员持球快速向篮下突破时，防守者要及时抢占突破路线，并把胸部亮给对手，造成对方匆忙躲避或带球撞人。防守队员要认真理解规则，让规则为自己服务，而不是束缚自己的手脚。

树立起坚定的防守信心。人盯人的防守是头对头、手对手、脚对脚的一种搏斗。防守者必须具备足够的信心成为一名优秀防守者。当然这种信心并非来自防守者对对手的轻视与不屑一顾，而是一种如临大敌、全神贯注的精神状态。

这种信心在训练场上表现为运动员忘我的刻苦训练，在赛场上表现为运动员强烈的防守欲望。防守者在连续的攻守转换中，在与对手一次次碰撞中总想抓住每一次控球的机会，敢于冒险、敢于牺牲自我。必要时会飞身抢篮板、倒地断球，努力去做每一件细小而有意义的事。这些都是运动员信心的一种体现。

中锋队员在场上的防守任务重、责任大，是场上防守的核心人物。因此，中锋队员必须有足够的信心防住对方篮下凶猛的进攻，要具备不肯向对手低头、永不言败的坚强性格。自信心是一种微妙的东西，它会在赛场上相互传染，可以鼓舞队友、振作士气。充满信心地去防守你的对手，你将很快地成为一个优秀的防守者，中锋队员要谨记这一点。

第七节　抢篮板球技术

篮板球是攻防转换的枢纽，是控制比赛节奏的关键。本节对争夺篮板球的问题进行探讨，旨在提高学生的抢篮板球技术，使他们更好地掌握篮球技术，并在篮球运动中享受快乐。

一、研究抢篮板球技术的必要性

（一）抢篮板球是获得球权的主要手段

在很多比赛中，抢篮板球次数比投篮命中率（或总投篮次数）对比赛胜负影响更大，即现代篮球运动把争夺篮板球作为获得控制球权、争取主动的基本依据，作为个人和全队实力的主要标志之一。如果进攻时抢篮板球占优势，不仅可以增加进攻次数和篮下得分的机会，而且可以增强外线中投的信心和减少对方发动快攻的机会。防守时抢篮板球占优势，不仅可以中断对方连续进攻，造成对方外线中投的心理压力，而且能为本队发动快攻创造更多的机会。因此，一个球队抢篮板球技术掌握得好坏，对比赛的主动与被动、胜利与失败起着很重要的作用。

（二）现代篮球运动发展的需要

比赛速度是篮球运动的精髓，是取胜的锐利武器，即投篮与争抢篮板球的次数也随之增加。统计分析表明：在篮球比赛的常规技术统计指标中，强队与弱队区别最大的指标就是获得篮板球的多少。一场篮球比赛中出手投篮次数都在 100 次左右，命中率一般不到 50%。也就是说，出手投篮后超过一半的控球机会要通过争夺篮板球来获得。

（三）我国篮球队与世界强队抢篮板球的意识和能力差距大

强队的篮板球能力不会弱，而弱队的篮板球能力也不会强，这是人人皆知的事实。目前，当我国篮球正在努力缩小与世界强队的差距，走向世界、力争成为世界强队时，即把提高篮板球争夺的技术水平及理论研究当作一项重要的内容去解决，具有重要的现实意义。

二、运用的基础

（一）强烈的拼抢意识，观察预测准确

争抢篮板球时，身高、弹跳、技术熟练是重要因素。但是，运动员勇猛顽强的作风和强烈的拼抢篮板球欲望，以及对球的反弹方向和落点及时准确的预测，在比赛中具有更重要的作用。对比赛中的每一次投篮，都要做好争抢篮板球的思想准备，做到有投必抢，养成良好的习惯，增强抢篮板球的欲望和意识，才能取得主动权。熟悉掌握篮板球反弹方向的基本规律，根据投篮的位置、距离、角度、弧度、篮圈、篮板和球的弹力，准确预测投篮不中球反弹后的方向和落点，及时抢占有利位置，是抢得篮板球的有力保证。

（二）主动、先动抢占空间位置

当对手投篮时，要抢先在原地挡住自己的防守对手，然后根据判断，向球

反弹后的落点方向和可能的落点处移动。当同伴投篮时，要积极地用前、后转身或快速的脚步动作摆脱对手的挡人、挤占位置，及早地压住对手。无论是争抢防守篮板球或进攻篮板球，要尽力贴牢和挤住对手，先于对手起跳，迫使对手跳不起来或起跳稍晚，从而更有利于抢占空间位置，控制篮圈的空间。

（三）抓球凶狠，向下拉球快而有力

当跳起在空中用充分伸展手臂的手接触到球时，即尽可能快而凶狠地向下拉球，充分发挥抢篮板球的技术动作力量，将球拉到头上或前胸部位，动作要简练，速度要快，力量要大，要有气势。在抢得防守篮板球向下快速拉球落地的同时，空中半转身落地侧对前场，以利于快速衔接一传或其他进攻动作。

（四）配合战术组织

抢篮板球技术已成为攻守战术不可缺少的一个重要组成部分。争抢篮板球不但要有良好的意识和个人拼抢能力，而且要有利用集体配合进行拼抢，要有组织、有目的、分工明确地加强对篮板球的争夺和控制能力，做到投抢结合、有投有抢、有挡有抢、抢挡结合的配合方法。

三、运用的具体分析

（一）抢先占位

这是争抢篮板球技术的关键环节，它对能否抢到篮板球起着极其重要的作用。抢防守篮板球，要力争抢先占据对手与篮板之间的位置，把对手挡在自己身后，要做到即使抢不到内线位置，也要抢占对方的侧面，争取起跳时调整到有利位置，为拼抢创造条件。如被对方挡在身后，可利用身体接触或跳起后的动作，抢对手在头上的空间球。抢进攻篮板球时，首先要利用突然的脚步移动和假动作，摆脱防守队员的挡位而挤向篮下。抢占有利位置一定要考虑球的反弹规律，要根据观察和经验预测球的落点，运用快速的脚步动作，

合理地运用转身、摆脱、动作、挤压对手，力争捷足先登、适时起跳。

（二）及时起跳

抢先占据有利的位置后，要注意保持正确的起跳准备姿势，及时起跳，充分伸展，扩大制空范围。起跳前两腿微曲，上体稍前倾，两臂高举过头，眼睛注视球，根据判断球反弹的方向、高度和落点，采取不同的起跳蹬地用力的方向，或者通过脚步动作的调整，两脚用力蹬地提腰，两臂用力上摆，超前于对手起跳，手臂向上充分伸展，力争在最高点使球和手相遇。

（三）抢球动作

跳到最高点时，身体和手臂要充分伸展，控制制高点，扩大制空范围，五指分开，用力抓球并将球握牢，腰腹用力，迅速凶狠地将球拉到胸前或头前部位，保护好球。根据攻守双方所处位置，抢获球的可能性和球的落点，在抓获球时可以用双手、单手和点拨球三种方法。双手抢篮板球的制高点比单手抢球低5~10厘米，但是这种方法握球牢稳，不易被打掉，有利于维持身体平衡，便于迅速衔接下一动作。单手抢篮板球在空间向一侧伸展范围较大，如果队员左右手都能够单手抢篮板球，就能在自己周围的各个方向上增大抢球的机会。当处于对手背后或侧面的不利位置时，可采用这种方法。抢篮板球处于不利位置或高度稍差于对方时，为了提高触球高度，可多采用点拨球的方法将球点拨给同伴，或用手指将球挑拨到便于自己获球的位置，也可以主动地、有计划地利用点拨球的方法，缩短传球的时间和加快一传的速度。

（四）获球后的动作

防守中抢到篮板球，要在空中半转身侧对前场，最好在空中直接传给同伴发动快攻。得球后一般要双脚落地，先使前脚掌触及地面，同时屈膝，两脚平衡开立，两肘侧张，双手紧握球，将球置于胸前或头侧。为了保护球，应将球放在远离对手的一侧，并加强攻击立即传球或突破。

篮板球技术是篮球活动中关键的技术环节，是进攻和防守的枢纽，控制好篮板球，基本上就掌握了比赛场上的主动权，为最后的胜利奠定了基础。篮板球是比赛双方争夺的焦点，只有控制好了篮板球，才能有效地执行技战术。因此，在篮球教学过程当中，学生要积极抢位、正确判断，把篮板球这项关键技术学习好、掌握好，并应用到比赛当中。

四、抢篮板球技术分析

抢篮板球技术是一项较为复杂的组合动作，要想成为优秀的抢篮板球能手，运动员必须具备以下素质：

（一）"篮板球"意识

篮球比赛的对抗性、应变性等特点决定了运动员在争夺篮板球时，不仅要有熟练的抢篮板球的技术和能力，而且要有应付各种复杂情况的应变经验，能根据不同情况迅速做出正确判断，及时和合理地运用抢篮板球技术动作，这种根据抢篮板球规律和特点而产生的对抗篮板球的感知及其一系列思维过程，就是抢篮板球的意识。存在决定意识，意识又反作用于存在。显然，出现争抢篮板球时机时，身处有利争夺区域的运动员采取"观望"态度是争抢篮板球意识不强的反应。美国职业篮球教练雷·乔治说："抢篮板球 75% 取决于愿望，25% 取决于能力。"可见培养强烈的争抢意识对提高争抢篮板球能力的作用。

有身高就拥有抢篮板球的优势，但身高却不是唯一的衡量因素。在运动员中，我国球员姚明的身高是比较高的，拥有得天独厚的条件，但在 NBA 激烈的赛场中，他的篮板球数据并不突出，虽然他本人在身体力量方面或许有些欠缺，但从某种程度上也反映出我国篮球运动员抢篮板球的意识与世界优秀运动员之间还存在着较大的差距。

（二）勇猛顽强的作风

现代篮球运动员发生身体接触已是司空见惯的事，尤其是在抢篮板球时，身体碰撞更是频繁而激烈，不敢与对手进行剧烈的身体对抗，任由对手随意抢位，就等于把抢篮板球的有利位置和主动权让给了对手，使对手获得抢篮板球的优势。"两强相遇勇者胜"，敢抢敢拼才是抢篮板球的硬道理，所以必须树立勇猛、顽强、敢抢敢拼的作风，做到勇而不乱、每球必抢、有球必争。

（三）篮板球反弹的规律

熟练掌握篮板球反弹的基本规律，是迅速做出准确判断、快速及早抢占有利位置的前提。篮板球反弹的方向与投篮距离、角度、篮圈、篮板与球的弹力有密切的关系。一般情况下，投篮的距离、投篮的弧度和球反弹的距离成正比：投篮距离近，则球反弹的距离近；投篮的弧度高，则球反弹高。投篮角度对反弹方向的影响一般有三种情况：在 45°角投篮时，大多数球弹向对侧 45°角左右或反弹回同侧地区；在 0°角投篮时，部分弹向对侧 0°角，部分反弹回同一地区或中间地带；在中间地带投篮时，绝大多数落在篮下正面。

（四）掌握挡人和冲抢动作，抢占有利位置

当投篮出手时，应力争抢占有利位置，把对手挡在身后。防守篮板球的抢位要突出一个"挡"字。当对手投篮后，准确判断进攻对手向篮下冲抢的路线，并用身体合理挡住冲抢路线，把进攻队员挡在身后，同时伸出双臂增加挡人面积，防止对手挤进来。抢进攻篮板球时要突出一个"冲"字。当同伴或自己投篮时，球在空中飞行时就要及时做出判断，判断球可能的反弹方向，利用快速跑动或闪晃假动作，绕过防守队员抢占有利位置，占据篮圈与防守人之间的位置。如果外线进攻队员冲抢时被防守队员阻截，就要及时改变方向，利用面对篮圈时便于判断的有利条件，迅速绕步抢占有利位置，或运用上体虚晃的假动作变速变向跑，摆脱防守队员的阻截，冲向篮下抢篮板球或补篮。

（五）及时起跳

及时起跳是在最高点抢到篮板球的关键。在起跳前应两腿弯曲，眼睛注视球，判断球的反弹方向、高度和落点。起跳时，两腿用力蹬地，手臂向上充分伸展，尽力跳至最高点去拼抢篮板球。起跳的步伐有原地上步、撤步、跨步的双脚起跳或单脚起跳。

（六）落地后的动作

在起跳抢球过程中，抢到球后必须把球握牢，否则极容易得而复失。因此在指尖触球后，应腰腹用力，屈指屈腕，回收手臂，拉球于腹前，双脚同时落地，屈膝降重心，保持身体平衡。抢篮板球时可运用双手抢篮板球、单手抢篮板球和点拨球三类。双手抢篮板球握球牢固，但制高点和控制球的范围不及单手；单手抢篮板球其优点是接球点高，控制球范围大，缺点是不如双手抢球牢固；点拨球优点是触球点高，缺点是准确性比较难掌握。运动员要善于根据场上具体的情况选择不同的抢球方法。

进攻中抢到篮板球后，一般应直接补篮，或进行二次投篮，或运球、传球；防守中抢到篮板球后，一般应快速传球或运球突破。

五、抢篮板球的训练

在理论上理解了拼抢篮板球的技术动作后，就要进行刻苦的训练，在实践中强化这些技术动作。拼抢篮板球的训练包括心理训练和技术训练。

（一）心理训练

抢篮板球的心理训练主要是培养运动员的意志和拼抢意识。在训练中潜移默化地进行熏陶，坚持反复刺激（教练员可用语言反复强调）强化，直接使运动员有正确的反射性行动，而这种意识的渗透性刺激对运动员来说往往是不知不觉的，就是在这种不知不觉中，点点滴滴的意识慢慢积累起来，从不自觉到自觉地行动，从必然转变为自然，逐渐形成一种正确的潜意识。

所谓意志，就是运动员自觉明确目的，调节行动，克服各种困难而实现目的的心理过程。训练可规定单位时间内必须抢到多少数量的篮板球，或在疲劳的状态下完成一定指标的攻守篮板球练习，或用比赛的方法进行攻守人数不同的训练，双方人数不等，要求双方达到预定争抢的次数。在各种条件下进行训练，提高运动员的适应能力，培养运动员的顽强性和坚韧的毅力。

（二）技术训练

拼抢篮板球技术的训练包括完整技术动作训练与战术配合训练。

拼抢技术训练。从拼抢篮板球的技术过程来看，拼抢篮板球的技术必须具有灵活的脚步移动。要学会前后转身、虚晃绕前步抢位及后撤步后转身抢位等脚步移动。脚步移动的练习要注意保持身体的平衡，略降低身体的重心，前后转身的步幅不宜太大，但速度要快，动作要有力量。在练习时除原地前后左右转身练习外，还要做上步、后撤步、左右移动后的前后转身练习。在对抗性练习中，可加强提高脚步移动的速度与灵活性等专项素质的练习，如连续跳起摸篮板 20 次、反复跑动跳起摸篮板等，以增强腿部力量，提高跳起的速率与第二次跳起的速度。

在掌握了抢位动作后，手对球的感应与控制能力是关键。手对球的控制能力练习，如左手向上方抛球，右手臂向头上方伸直，当右手指触球时，迅速屈指屈腕将球拉回腹部，然后右手抛球左手接；单、双手托球碰篮板练习，在篮下持球连续跳起，在空中用单手或双手托球碰篮板连续 20 次，最后一次要求单手或双手在空中将球补入篮筐，要求练习时，跳到最高点接球打板（可单手或双手），打板点要准确，力量要适中，手臂伸直，指腕用力。

配合训练。运动员仅仅依靠个人的身体条件、意识、技术是难以在篮板球冲抢中处于优势地位的，只有运用战术配合的方式，依靠集体的力量和智慧，形成一个有机的整体，充分利用挡人抢板，才能使个人能力得到充分发挥。抢篮板球挡人的策略有三点。

第一，用本队个子不高的队员挡住对方身材高大的队员，以此减弱对方高大队员抢篮板球的优势。

第二，用本队抢篮板球一般的队员去挡住对方抢篮板球能力最强的队员。

第三，控制对方处于有利位置的队员，使对方失去抢球的机会或行动受到干扰。

具体训练方法有内挡外抢的配合、外挡内抢的配合、内点外抢的配合、左挡右抢及右挡左抢的配合。

结合其他技术的训练，巩固和提高篮板球完整技术的动作质量，学会和掌握抢篮板球衔接技术动作，结合运、传、投技术，结合具体的战术，提高抢篮板球的运用能力。这类训练要求防守队员在抢获篮板球后能在最短时间将球传出，如一传不能传出，应迅速运球，突破防守寻找接应者，为反击赢得更多的时间和机会；进攻队员抢获篮板球可在空中补篮，也可将球拿下寻机起跳投篮。

第七章　篮球运动员的心理训练实践

心理训练是指有意识、有目的地对运动员的心理过程和个性心理特征施加影响的过程，其目的是使运动员的心理产生最适宜运动训练和运动竞赛的变化，具有自我动员、自我调节和自我控制的能力。篮球运动员的心理训练是适应现代运动竞赛的需要而运用发展起来的。本章主要从篮球运动员的动机、篮球运动员的注意力、投篮的心理训练、防守的心理训练这四方面来介绍篮球运动员的心理训练。

第一节　篮球运动员的动机

一、动机的内涵与功能

（一）动机的内涵

动机是在自我调节的作用下，个体使自身的内在要求（本能、需要、驱力等）与行为的外在诱因（目标、奖惩等）相协调，从而形成激发、维持行为的动力因素。动机具有"方向"和"强度"两个维度。"方向"与一个人目标的选择有关，即人为什么要做某件事；"强度"与一个人激活的程度有关，即为了达到某一目标，人正在付出多大努力。动机是个体的内在过程，行为是这种内在过程的结果。所谓运动动机，是指在自我调节的作用下，运动员个体使自身的内在要求（本能、需要、驱力等）与行为的外在诱因（目标、奖惩等）

相协调，从而形成激发、维持参与运动行为的动力因素。

动机的性质是多种多样的。不同性质的动机对人具有不同的意义，使人具有强度不同的推动力量。行动的方式、行动的坚持性和行动效果，在很大程度上受动机性质的制约。同样，篮球运动员良好的运动动机包括的内容也是多样的。例如，深信自己具有广阔的发展前景，相信通过艰苦的训练能达到较高的运动水平；使自己在获得成绩时能够稳定地定向，保持心理稳定状态；树立集体荣誉感，使自己能与运动队所有的队员建立起良好的关系，从而使运动队成为一个团结的集体等。

（二）动机的功能

人的行动总是由某种原因所激发并指向一定的目标或方向的。这种激发行动赋予行动以方向性的动力过程，就称为"动机功能"。运动动机对篮球运动员参加训练起着激发功能、指向功能、维持和调节功能。

1. 激发功能

人的行为都是由一定的动机引起的，篮球运动员不会无缘无故地到篮球场进行训练。当他们从事篮球训练时，表明他们内心中一定产生了想要训练的愿望。当愿望达到一定强烈的程度时，就成为一种心理动力推动运动员行动起来，投入到篮球训练中，使运动员由静止状态转向活动状态。这就是运动动机对篮球运动员参与运动训练的激发功能。

2. 指向功能

运动动机不仅能激发篮球运动员的运动行为，同时还能使运动员的运动行为具有稳固而特定的内容，将行为指向一定的对象或目标。例如，同样是在进行篮球训练，有的运动员侧重于对控球能力的培养，有的运动员则侧重于对投篮命中率的提高。这些差异都是运动员运动动机的不同造成的。

3. 维持和调节功能

个体的行为通常要指向预定的目标，而预定的目标需要经过一系列的阶段性目标才能达到。篮球运动员在完成系列目标的过程中，运动动机对行为不但起激发、指向的作用，而且也能维持和调节运动员活动的强度和持续时间，保证行为有序进行，最终使行为达到预定目标而不发生偏离。

良好的运动动机对篮球运动员的运动行为具有积极的推动作用，因此，应当培养和激发运动员正确的运动动机，使运动动机的促进作用得到充分的发挥。同时还应认识到运动动机对运动员行为的影响是复杂的，不适宜的动机会对运动员的运动行为产生不利影响，教练员在平时的训练过程中应当对运动员运动动机的性质与强度做出准确的判断，当运动员出现不良运动动机时，及时地进行调控，以促进运动员更好地进行篮球训练。

二、篮球运动员动机的培养策略

（一）合理运用强化手段

强化是指当篮球运动员出现可接受的运动动机时，给予奖励或者撤除消极刺激的过程。正确的强化，是主要从外部刺激动机的方法。如果运用得当，强化不仅可以激发篮球运动员的外部动机，也有利于篮球运动员内部动机的培养。如果运用不当，则可能既破坏内部动机又破坏外部动机。强化作用可分为两种，一种是积极强化，一种是消极强化。

积极强化是指篮球运动员出现特定的行为时及时给予奖励。这些奖励既可以是精神奖励（教练员的微笑、表扬等），也可以是物质奖励（奖杯、证书等）。消极强化是指通过撤除消极的结果来鼓励篮球运动员的特定行为。例如，在篮球教学比赛前教练员规定负方罚跑 2000 米，但是比赛结束后由于负方队员表现出色，教练员决定免去罚跑，这种强化就是消极强化。在教学训练中，教练员应合理运用强化手段，以便更好地培养和激发篮球运动员的运动动机。

进行强化时应注意以下原则：

（1）明确规定应获奖励的行为、奖励的条件以及奖励的标准。例如，在篮球教学比赛中规定，谁如果在全场比赛中抢到规定数量的篮板球，则下次训练课就可以自选准备活动或带全队做准备活动。

（2）最好对达到标准的良好表现进行没有规律的强化（奖励）。

（3）鼓励运动员间的相互强化。

（4）奖励不能过量，不能让运动员感到教练员正在企图控制他们的行为。

（5）应使运动员懂得，奖励不是最终目的，它只是能力、努力和自我价值的标志，这有利于加强内部动机。

（二）帮助运动员树立切合实际的目标

在运动员的动机系统中，目标作为诱因，是较稳定而持久的重要因素。目标设置直接关系到动机的方向和强度。正确、有效的目标可以集中运动员的能量，激发、引导和组织运动员的活动，是行为的重要推动和指导力量。合理的目标设置可以激励运动员产生更好的任务表现。教练员应帮助运动员树立切合实际的训练目标，让他们的训练具有明确的目的和任务。目标的树立既包括长期目标的设立，也包括近期目标的设立。

长期目标具有一定深度的诱因，它要求运动员对未来做更远的考虑。通过长期目标的设立，可以鞭策运动员不断激励自己朝这个目标努力。通过近期目标的设立，可以督促学生运动员踏踏实实地提高自己的技战术水平，最终实现长期目标。在制定目标时，教练员要根据运动员的现有水平来制定。在设置目标时必须考虑到运动员对目标的完全接受和认同，应设置经过努力可以实现的程度为好。

班杜拉认为，人的自信心受四种因素影响：过去成功的经验、对别人成功的了解、自我劝导及对自己当前生理状态的解释。其中最重要的就是第一点。成功就是目标的实现，运动员所达到的目标越多，所体验到的成功感就越强，自信心也就越强。阿特金森研究表明，目标定的难度在成功确切率的 50% 以下时，训练成绩最好。

可见，目标定得过分容易，参与者的活动动机就会降低。相反，目标定得过高，再努力也难实现，目标失去了诱因的作用，动机也就无从引起与激发。因此，将长期目标转化为现实的、具体的中期目标和短期目标对篮球运动员来说是极其重要的。运动员的训练目标越明确，努力的方向就越清晰，进行篮球运动训练的动机也就会越强烈。

（三）向运动员提供积极的反馈

篮球运动员在篮球训练中能够及时获得反馈信息，了解自己的技术水平、体能和健康状况的提高情况，有利于他们进一步激发参与篮球训练与比赛的动机。因为运动员看到了自己的进步，会增加篮球训练与比赛的热情，增强努力的程度；如果看到自己的不足，会激起不甘落后、迎头赶上的上进心。

篮球教练员对运动结果的积极反馈，有利于强化运动员的运动动机。研究表明，应该不断地使他们感觉到自己的努力是有效的，并不断给予他们成功的反馈。积极的良性反馈，可以让运动员看到自己锻炼的结果和进步，有利于增强自信心，提高锻炼的自觉性，找准努力的方向，使他们努力坚持下去，不断取得进步。而且，及时的反馈能使运动员了解自己的弱点与不足，从而主动克服缺点，为争取好成绩而积极努力。

在篮球教学中，反馈的形式多种多样，例如，社会性评价、象征性评价、客观性评价和标准性评价等。在对运动员的篮球训练和比赛提供反馈和评价时，教练员往往要根据运动员的进步或退步情况给予表扬或批评。表扬和批评都是以促进运动员的努力和进步为目的的。在多鼓励、严要求和适度批评时，要力争做到表扬每名运动员的每一次进步，强化每一个努力；要针对不同年龄、性别和能力的运动员进行表扬和批评。例如，对经常受表扬的运动员，要适当地指出其不足，对能力较差的运动员要通过及时表扬他们某一方面的点滴进步给予鼓励；要"对事不对人"，尤其是将表扬和批评的重点放在运动员是否努力上，放在行为表现上，放在是否有所提高上；要树立运动员的评价标准，使他们逐步做到自我表扬和批评；要了解运动员对所受的表扬与批评的理解和评价，如果运动员对表扬和批评满不在乎，表扬、批评多了就不起作用了，而运动员将表扬和批评作为对自己的一种鼓励和帮助，则具有积极的效果；要公开表扬，私下批评，理智、慎重地使用惩罚，如能启发运动员自我寻找成功或失败的原因和过程，启动他们的内部动机调控机制进行反思，则能将动机的外部控制转化为学生本身的任务定向的内部控制。

运用反馈原理激发和强化运动员的运动动机，要坚持从运动员的实际出发，以鼓励性评价为主。特别是对那些运动能力稍差的运动员，要从他们的基础出发，发现运动员的点滴进步要及时予以表扬，即使对运动员进行批评也应该用诚恳的、积极的、建议性的语言，告诉运动员改进措施及努力方向，激励运动员参与篮球运动的积极性。

（四）给予自主权和培养责任心

给人以控制自己生活的权利，可以加强动机、提高成就、促进责任感和自我价值感的发展。在篮球运动中，教练员对于训练和比赛所做的安排往往是比较适合于运动员发展的。然而，最了解运动员情况的，莫过于运动员自己。一旦运动员学会了如何自己设置训练计划，掌握了做出正确决策的方法，他们可能设计出更好的计划，可能有更强烈的责任心去执行自己制订的计划。

篮球教练员应根据运动员的能力和水平，在有组织的范围内下放权力，培养篮球运动员的责任心、自觉性以及在有限条件下做出正确决策的能力。这样不仅能培养和激发运动员的内部动机，而且会使运动员在将来的生活和工作中受益。然而，在下放自主权的过程中应注意以下问题：

（1）根据运动员的能力和水平，有选择地下放自主权。

（2）放权后耐心帮助运动员进行决策，不要急于求成，过分指导。此时，篮球教练员应该花些时间同运动员一起讨论决策的方法和决策中应注意的问题，并让他们了解自己过去曾做出的一些决策的原因。同时，应允许运动员在决策中出错，出错时要帮助他们从中吸取教训，待运动员对他们的责任习惯后，错误自然会减少。不适当的过分指导，往往会损害运动动机，因为这样做实际上剥夺了运动员学习自我调整、自我做出决策的机会，而且，运动员也很难一次改正很多错误。

（3）篮球教练员应具有移情心。移情心是一种理解运动员情感和态度的能力，一种会站在运动员的角度来观察思考问题的能力。这种能力会在教练员和运动员之间创造一种信任感。篮球教练员应充分理解运动员在训练和比赛中所面临的困难和挫折。

（五）提高运动员的自我效能感

自我效能是指一个人对自己能否成功地完成一项任务所持的信心和期望，或者对自己成功地完成一项任务所具备的潜能的认识。自我效能是促进篮球运动员运动动机的重要因素，自我效能高的运动员，参与篮球训练的动机也较高，反之则低。

篮球运动员的自我效能与他的失败经历有关。教练员应正确对待运动员遭受的挫折与失败，最大限度地减少挫折与失败对运动员造成的负面影响，强化运动员的自我效能。强化自我效能还应注意把握好尺度。对于骄傲自满或盲目自信的运动员，教练员可以在教学和训练过程中增加动作难度，使运动员重新认识自身条件，认真反思并调节自身行为，促进其心理机制的健康发展。对于内向自卑、运动成绩较差、表现欲望较低的运动员，教练员应更多地运用成功激励调动这类运动员的训练积极性。

第二节 篮球运动员的注意力

在篮球训练中，运动员经常会出现不能集中注意力而导致注意力分散的现象。那么，运动员注意力不集中的原因是什么呢？在训练时教练员又该如何发展运动员的注意能力呢？

一、造成运动员注意力分散的主要原因

在篮球训练过程中，造成运动员注意力分散的原因是多种多样的，既有客观的原因，也有主观的原因。

其中，客观原因主要为：无关刺激的干扰；学习内容枯燥；训练方法单一；教练员对运动员注意力的调控能力差。主观原因主要为：意志消沉；情绪的急剧波动；逆反心理或冷淡态度；寻求注意和承认。

二、运用注意力规律组织篮球训练

在篮球训练过程中，气候和环境复杂多变。许多外在和内在的无关刺激不断干扰着运动员的正常训练，很容易导致运动员注意力的分散。运动员只有注意力集中，才能全神贯注于教练员的讲解和示范，领悟才能迅速，印象才会深刻。如果教练员在教学过程中能有效地运用注意规律来组织教学，教学活动就能更好地进行下去，训练效果也会得到进一步的改善。

1. 运用无意注意的规律组织教学

（1）有效预防刺激因素的干扰

篮球教练员在组织教学时，在教学环境方面应尽量避免各种与教学无关的刺激影响，保持一个安静的教学环境。外界的无关刺激物随时可能出现，刺激

物之间的任何显著差异都容易引起运动员的注意。在课前，教练员应精心布置场地与器材；讲解动作时，语言要生动形象、富有激情；运动员一旦出现注意力分散的现象，及时对其进行提醒，引导运动员集中注意力。

（2）制订符合学生实际的教学内容

篮球教练员在制订教学内容时，应充分考虑运动员已有的知识经验。凡能满足运动员的需要、激发运动员的情感、符合运动员年龄特征和个性倾向的事物都能吸引运动员的无意注意。教材内容的安排要循序渐进、力求新颖，并具有一定的思想性、科学性和娱乐性。必要时可以通过一些篮球游戏的形式来使运动员产生兴趣，引起注意。

（3）合理安排运动负荷，防止过度疲劳

在篮球训练中，身体练习对运动员的生理和心理产生的刺激或压力的总和就是运动负荷。教练员应根据运动员的年龄和心理活动变化规律，来把握每节课的运动负荷。运动负荷过小，就不会起到良好的训练效果。若片面追求大强度、大负荷的训练方式，不仅容易导致运动损伤，更容易使运动员由于运动负荷过大而产生疲劳，从而产生厌倦心理，使注意分散，影响训练效果。

2. 运用有意注意的规律组织教学

（1）使运动员明确训练的目的和任务

有意注意是一种自觉控制的注意，它服从于一定的目的和任务。篮球运动员对训练的目的和任务越明确、越深刻，有意注意的能力就越强。在教学过程中，教练员应提出具体的目的、要求、内容及具体方法，让运动员切实地感受到集中注意对完成训练的重要性，并懂得如何正确集中自己的注意，以此来提高篮球训练的效果。

（2）培养运动员的间接兴趣

注意与兴趣密切相关。间接兴趣是指对活动结果和意义的兴趣，它可以引起和维持运动员的有意注意。例如，篮球运动员在进行身体素质练习时，素质练习本身是枯燥和艰辛的，难以引起运动员的直接兴趣。但运动员对素质练习的结果却是感兴趣的，因为运动员的身体素质会得到提高。这就促使运动员始终保持着有意注意的较高水平，训练中就会更加积极和主动。因此，教练员应注重培养运动员的间接兴趣，以便引起和维持运动员的有意注意。

（3）加强组织纪律和课堂常规教育

在篮球训练过程中，运动员自觉遵守组织纪律是集中注意的重要条件。运动员的纪律性越强，有意注意持续的时间也就越长。运动员的组织纪律性是在长期的学习与训练中培养起来的。篮球教练员在平时的教学训练中，应重视对运动员进行组织纪律性的教育。使运动员在训练中严格按照要求去做，养成良好的训练习惯。

（4）培养运动员良好的意志品质

在篮球训练中，运动员的有意注意常常会由于无关刺激的干扰，或者注意对象的枯燥，而产生分散。此时运动员就必须通过坚强的意志努力去排除内外的干扰，将注意力集中在与篮球训练有关的因素上。因此，在平时的篮球教学过程中，教练员要注重对运动员进行意志品质的教育，使运动员以坚强的意志与困难和干扰做斗争，以保持训练时的有意注意。

3. 运用无意注意与有意注意转换的规律组织教学

运动员在篮球训练中，既需要无意注意的参与，也需要有意注意的参与，二者不断地交替参与是注意的正常状态。如果只依靠无意注意，会使教学活动缺乏目的性和计划性；若过分依靠有意注意，则容易造成运动员疲劳和注意的分散。这就要求教练员要善于利用无意注意与有意注意的转换规律组织教学。

在教学过程中，教练员要使学生对学习目的有明确的认识，逐渐引导他们对学习内容本身发生深厚的兴趣，并在必要时引导他们强化注意。在教学组织上，要力求生动、紧凑、合理而有节奏，教学方法要灵活多样，使每位运动员都能投入到紧张而有序的练习中，减少分散注意的机会。根据注意的变化规律，篮球训练时注意曲线有逐步上升、相对稳定和逐步下降三个阶段。因此，在训练课开始时，教练员应通过集中注意练习，引起运动员的有意注意；然后让运动员对准备活动的内容产生兴趣，产生无意注意；当运动员在训练中遇到困难而丧失信心时，又要通过鼓励的方式使运动员由无意注意转入有意注意；在篮球训练的结束部分，教练员要适当调整运动员的运动负荷，使用一些放松的手段使运动员由有意注意转入无意注意，以调节机体、消除疲劳。

总之，在篮球教学过程中，教练员要善于利用无意注意规律、有意注意规律、有意注意和无意注意相互转换的规律来集中和保持运动员的注意力。这不仅对指导运动员的学习与训练起到非常重要的作用，而且能更好地提高篮球训练的效果，完成篮球教学任务。

在篮球训练中，注意伴随着一切心理活动的始终，是组织和发展运动员智力水平的重要因素。注意的不同类型以及注意的不同品质，在篮球训练与比赛中会发挥不同的作用。通过分析造成运动员注意力分散的原因，利用注意的规律来进行篮球训练，必将促进篮球运动员训练水平的提高。

三、进行专门的集中注意力的心理技能训练

注意在篮球运动员学习和掌握运动技能的过程中起着十分重要的作用。根据运动员的个体差异对他们进行专门的集中注意力的心理技能训练，可以有效地提高运动员的注意能力，从而达到完善运动技能、提高运动成绩的目的。

1. 排除内外消极干扰的训练

有些篮球运动员在比赛期间，很容易受到外来事件或内在消极想法的干扰。从而影响临场发挥。一种有效的方法就是将这些事件或想法利用自我暗示

的形式，将它暂时搁在一旁，以便集中注意力去比赛，待比赛结束再来处理它。在训练时，可以要求运动员先将这些事件或消极想法记录在纸上，然后将记录放下，待训练结束后，再回去把记录取出并加以处理，这种方式熟练后，便可应用在实际比赛中。

2. 想象将"失败"转变为"成功"的训练

有的篮球运动员常常会在发生失误后无法集中注意力，面对这种情况，我们通常采用的方法是训练运动员把失败转变为成功。这是一种认知转变训练的方法，当发生失误时，运动员随即想象相同的成功动作，而不要反复挂念在失误上。当我们在口头上或心理上反复叙述自己为何失误时，此时亦等于正在进行"视动行为演练"，正在想象自己再一次重复错误的动作，而这种想法严重地影响到之后的动作表现。因此，篮球教练员可以鼓励运动员在他们失误时，避免一再地谈论失误的情景，而应该在脑海中想象下一次完美的动作，以促进以后的运动效果。

3. 自我谈话

积极的自我谈话是帮助保持注意集中、营造积极心态的训练方法。在比赛不顺时或高挑战情境下，人们常会出现自我贬抑的一些想法。此时，停止消极思想，用积极思想来避免注意力陷入过多的内心分析当中是必不可少的。积极的自我谈话的特点包括鼓励自己，全力以赴，关注每一个子任务和目标，保持积极的氛围。

积极的自我谈话需要以下步骤：（1）用积极自我谈话取代脑海里出现的任何消极谈话，在内心集中注意，同时对唤醒水平做出一些调整。（2）在小范围内从外部把注意集中于和任务有关的线索上。（3）一旦有了注意控制的感觉，就立即完成运动技术。

4. 模拟比赛情境并设置比赛行动方案

模拟比赛情境是一种运用图像和言语模拟来帮助运动员适应新环境，集中注意力，减少分心因素干扰作用的方法。在比赛时，来自观众、裁判员、工作人员以及对手等外界分心物与运动员的自我担忧、不安等内部分心物一起影响着他们的运动表现。在模拟比赛中的各种情景可以让运动员从身体和心理上形成习惯。研究发现，成功的运动员很强调模拟训练在他们平常训练中的重要性。设置比赛行动方案是帮助运动员做好比赛准备，将注意力放在比赛全程的每一个环节上的一种方法。这种方法的重点是要求运动员聚焦当下，并强调过程目标。研究发现，设置比赛行为方案对提高运动员的注意集中技能很重要。在设置比赛行动方案时，要充分利用过去常用的例行动作。例行动作可以增加运动员在表现前或表现中不被内在或外在分心物影响的可能性。

第三节　投篮的心理训练

一、投篮的表象训练

（一）表象训练在投篮中的动作运用分析

1.通过建立和回忆动作表象活动促进技能的形成

由瞄准点、手指手腕及全身协调用力，出手角度及速度、球的旋转及飞行抛物线和入篮角度等组成的投篮技术动作，其动作技术环节十分抽象，尤其对初学者而言，很难在短时间提高投篮命中率，如仅采用常规的教学方法，只能使肌肉活动占优势，大脑活动却受限制，尽管不断重复同一动作，但动作过程中肌肉的感觉并不十分清晰，动作表象也不完整，要领不清楚，因而很难有好的教学效果。而采用表象训练时，可以在动作技能练习过程中通过主动、有意识地建立和回忆动作表象活动来促进运动技能的形成，同时，根据练习的具体情况进行讲解示范，帮助练习者在头脑中建立清晰的动作表象时，也不能过多地注意动作细节，示范也不宜太快，以便把视动觉的中心指向动作要点上。

这样就可以避免和防止初学者对示范讲解被动接受，调动初学者学习的主动积极性，启发初学者的思维，培养初学者的创新精神，巩固和完善技术动作，加快正确动力定型的建立，进一步提高投篮动作技术的准确性和各肌肉群用力的协调性，增加投篮命中率。

2. 使正确的技术动作得到强化

要想尽快使初学者掌握动作技术，首先要在初学者大脑皮质中建立正确、清晰的动作表象。然后将大脑皮质贮存的动作表象信息转变为神经冲动，再传至效应器，做出正确的投篮动作。应采用表象训练法通过对投篮技术动作在大脑中的反复回忆，使正确的技术动作得到强化。当错误动作出现时，根据初学者的练习情况采用整体示范与分解示范相结合，甚至放慢示范速度和放映幻灯片、讲练结合等多种表象训练手段，使初学者体验肌肉的用力感觉，有效调控参与投篮和支配各肌肉间的缩舒活动，建立正确的视动觉表象，有利于加速形成正确的动作技术。

3. 使初学者有更多的练习机会

表象训练法使初学者有了更多的练习机会，特别是能静下心来在大脑中回想投篮动作过程，同时对投篮某个技术环节进行练习，纠错的随意性和可控性大大提高。例如，压腕拨球练习是提高投篮命中率的关键因素，学生通过表象训练后，手指、手腕部位的小肌肉群力量得到了发展，手指、手腕部位的协调用力控制能力更加精确，同时也带动与其相关的大肌肉群正确用力的协调性，这对于投篮的瞄准也具有很好的辅助性效果。通过压腕拨指力量的大小来控制篮球的飞行高度，练习投篮手型，提高手指、手腕肌肉的本体感觉和提高投篮时篮球出手的角度与弧度，使球在空中飞行呈向后旋转和形成适合进篮的最佳抛物线，从而使投篮的命中率提高。

4.有利于形成正确的投篮动力定型

在表象训练过程中，教练发现初学者做出较理想的投篮技术动作时，立刻让学生小结与建议学生默念整个动作要领和想象各个动作技术要点及完成动作时的情绪体验，使整个动作过程在头脑中形成更加清晰的印象，这极有利于形成正确的投篮动力定型。

（二）表象训练在投篮教学中的应用

1.建立正确的投篮动作表象

上课时由教师对投篮动作进行讲解、示范，并以挂图、幻灯片、录像等多媒体手段，帮助初学者建立正确的投篮技术动作表象，在对该技术动作进行模拟和练习的基础上，要求初学者用自己的语言对所理解的投篮动作加以描述。

2.建立"表象—动作"的映射关系

练习中要求初学者在大脑中有意识地再现正确的投篮动作图像，并与自己的这一技术动作建立主动的联系和对照，找出自身的差异和不足之处，使自己的动作逐步向"表象"逼近，产生正确的动作定型效应。

3.建立"表象—动作—思维"的训练程序

针对投篮技术受心理因素影响较明显的特点，表象训练法要求初学者在训练中从实战的角度建立一套适应自己身体特点的训练程序，融表象、动作和思维于一体。其要点是：对动作的全过程进行"过电影"式的连贯想象，力求完整、细致、准确；注意体验投篮时与这一动作相伴随的内心图像以及相关的生理反应；运用思维的能动性去协调心理活动与投篮技术动作之间的关系，调动尽可能多的心理和技术能量去提高投篮成绩即投篮命中率。

二、罚篮的心理训练

罚球是投篮技术的一部分，在完全没人防守的情况下直接投篮得分，其命中率高于攻守对抗中的跳投。但由于比赛的性质、对手和观众的不同，球员承受着外界的压力，使他们出现各种心理反应，特别在双方球队实力均等情况下，由罚球来决定比赛结果的时候，球员所要承受的压力就可想而知了，所以罚球时如果不进行有效的自我调节就会导致命中率的下降。

（一）罚篮的心理问题

比赛中能否发挥高超水平，达到最佳的竞技状态，获得最好的竞技成绩，将取决于身体素质、运动技术、心理素质三大要素，其中，身体素质是保证动作质量的物理基础，运动技术水平是基本条件，而心理素质是使两者能充分发挥作用的内部动力，有分析认为，低水平运动员罚球的成功率30%属于心理因素；而高水平运动员罚球的成功率70%属于心理因素。活塞队主教练认为，心理活动直接影响罚球的效果。总结罚球的心理问题集中在以下五方面：

1. 调节与控制焦虑紧张情绪的能力弱

紧张焦虑情绪是在实际活动中由于缺乏应付或是适应一种可怕情境的力量或能力而引起行为失控的一种情绪体验，这种情绪往往是由于运动员对比赛的胜败过分担心而造成的。比赛过程中出现紧张焦虑情绪，也与比赛的性质、规模、竞赛对手的强弱有关。运动员罚球时紧张焦虑，会出现呼吸急促、手颤脚抖的现象，使投篮动作变形而导致罚球不中。

2. 注意力不集中，产生不适宜的兴奋

罚球时，罚球队员成为全场的焦点，来自场上或场外的各种干扰很多（观众的呐喊、对手的挑衅等），极易使其注意力分散，从而使罚球命中率下降。兴奋水平过高或过低都不利于罚球。兴奋性过高时表现为急躁，易激动，处处想表现自己，罚球也不能静下心来而仓促出手；而兴奋水平过低时，则表现为对比赛冷漠，身体软弱无力，用无所谓的态度去进行罚球，从而影响罚球。

3. 内在心理因素

（1）缺乏自信

自信心是发挥运动能力的重要因素之一。球员在罚球时没有足够的心理准备，缺乏自信，容易产生心理活动过程的混乱，特别是在罚球决定胜负的情况下，更能表现出畏缩害怕的恐惧心理。如果在关键时刻进行罚球，由于自信心不足，从而导致紧张、慌乱和自我控制能力差的心态，使肌肉紧张和技术动作不协调，最后造成罚球命中率下降。因此，自信是罚球的重要条件之一，也是罚好球的前提。

（2）焦虑情绪

运动员在比赛过程中出现紧张焦虑情绪，多为心理素质差的表现，这和一个人行为对社会所产生的后果的理解有密切关系。另外，也与观众形成的特殊气氛、比赛的性质规模、竞赛对手能力有关。尤其是关系到个人和集体荣誉的时候而导致自己情绪紧张，动作失调。平时训练有素的运动员，在比赛时经常产生良性情绪。这种情绪体验能鼓励运动员的信心和斗志，提高克服困难的信心；而缺乏比赛经验的运动员，不能正确反映和预测环境的变化，产生各种精神负担，从而引起情绪紧张，造成自己技术动作的失调。在罚球过程中，出现呼吸不均、手颤、本体感受器失调等现象，结果导致罚球失败。

（3）体能消耗

在激烈的篮球对抗比赛中，体能的消耗和水分的流失，都会出现疲劳和体力不佳的情况，导致罚球动作的变形和节奏的不连贯，而这些问题的出现都会影响到罚球的命中率。特别在第四节关键比赛中，每个球员体能都有一定的消耗，那时就看队伍平时体能训练的效果好坏，这有可能决定比赛的胜负。

4. 外在因素

（1）外界干扰

这里所说的外在环境，是指球场以外的一切能够干扰球员发挥的因素。例如，罚球时观众的呐喊声和让人眼花缭乱的气球棒等、给球员带来各种倾向性和刺激性的声音等，让球员不能在短时间内集中注意力进行罚球。还有裁判员的因素，有些球员的情绪容易受裁判员水平高低的影响，裁判员的误判、漏判和错判等，很容易引起球员的不满、愤怒等消极情绪。这些因素都间接影响到球员罚球时的效果。

（2）队友和教练的期望

在关键的罚球时，队友和教练的期望往往形成一种无形的压力，这种压力会在你脑海里不断出现，间接影响到罚球时的情绪。或者比赛前教练对每位球员的指标定位过高、期望值太大，容易造成球员背着心理包袱进行比赛。有些球员在比赛中很在意教练员对自己的评价，在比赛中教练员的语言、态度、身体形态等都将影响到运动员的情绪。这些因素都给运动员造成紧张的气氛，影响到球员罚球水平的正常发挥。

5. 技术因素

罚球技术动作不规范：罚球时由于运动员投篮的技术动作不规范导致罚球失误：（1）持球手法不正确，五指没有自然分开，用手心托球。（2）肘关节外展，致使上肢各关节的运动方向不一致。（3）投篮时，上下肢配合不协调，导致投篮动作脱节。（4）双手投篮时，两手用力不一致，伸臂不够充分。

投篮有附加的多余动作，如前上步、侧跨步。由于多余的动作增加了投篮动作环节，影响了出手瞬间的身体平衡，导致罚球不中。

（二）罚篮的心理训练方法

1. 模拟训练法

模拟训练法是指模拟和有意设置某些在正式比赛中可能出现的情景和条件而进行训练的方法。在平常的罚球训练中，同伴可以在一旁起哄、呐喊或做一些动作来模拟比赛场景，或是在教学比赛结束前比分接近的情况下有针对性地进行罚球练习。以培养队员罚球时抵御各种外界刺激和干扰的能力。另外，在疲劳状态下进行罚球练习。在较为剧烈活动后或完成一次大强度的练习后罚球，提高队员克服疲劳进行罚球的能力。例如，连续两组全场折返跑后马上进行罚球练习。

2. 注意力训练法

注意力是人心理活动对一定事物的指向和集中，集中注意力是运动员排除外界干扰专心致志进行罚球的前提条件。而注意力集中的反面则是注意力分散，即通常所说的"分心"。训练方法主要有：第一，培养球员良好的参赛动机。在比赛时，要引导球员以正常的心态去参赛，对比赛结果的胜负不要过分担心，对生活和训练中的烦琐之事暂且搁置脑后，应将全部的注意力集中在比赛过程之中。第二，看表法。集中注意力看手表秒针的走动，先练习 1 分钟，再逐渐增加时间到 2 分钟、3 分钟。如果能持续到 5 分钟以上而不转移注意力，则是很好的表现，这样持续下去反复练习，集中注意力的能力就会有很大的提高。第三，视物法。将注意力集中在一个目标上，然后闭眼回忆这个目标的形象，反复多次，直到该目标在头脑里清晰地再现为止。

3. 自信心训练法

自信心是影响运动员水平正常发挥的心理因素之一。自信心缺乏会使运动员在罚球时产生心理恐惧，思想负担过重，不能有效地控制好自己的心理机能和运动感觉，罚球表现得小心谨慎，生怕有丝毫闪失，动作紧张、迟钝、僵硬和不连贯而不能发挥出应有水平。训练方法有：

第一，自我暗示。自我暗示训练是一种积极主动的心理训练方法。这能够引导运动员形成一种良好的竞赛心理状态，能够积极有效地增强自信心，消除紧张情绪，放松身体。罚球时，暗示自己罚球技术的正确性，提升自信心。比赛中运动员应抓住执行罚球前裁判员记录台联系的这段时间，进行自我心理调节，使自己的情绪稳定下来。例如，罚球时可以默念"我能！我可以！"等。

第二，施加压力下进行罚球练习。分成若干队，每队派一个代表罚球两次，全中则不受罚；如一次不中，则全组罚跑 28 米往返一趟；如两次都不中则全组罚跑两趟。一组赛完，重选代表再进行练习。

4. 呼吸调整法

在很多优秀运动员中，在进行罚球时并不是从裁判手中接过球后直接出手，而是先轻松地拍几下，做一两次深呼吸再投。这可以达到心理控制的作用，稳定自身情绪，把高水准的技术动作重新植入大脑从而达到提高罚球命中率的效果。

在罚球时的呼吸调整的步骤一般为：（1）放松自己的心境，保持肌肉的柔和性；（2）调整自己的急躁情绪，保持稳定心理；（3）拿到球后进行缓慢而平稳的呼吸，保持平和心态；（4）在球投出去之前，深呼吸一两次，投篮时保持动作的流畅性。

5. 意念训练法

意念训练法是指运动员在比赛中有意识地、主动地利用大脑中已形成的运动表象或充分利用想象进行训练的方法。人的想象可以使一定的图形在人脑中闪过并形成一定的记忆，或是形成一种回想性复习。平时训练中可以让运动员在安静的时候多回想自己罚球的技术动作，并对自己的动作进行一番全面回想与再认知，或是对错误的、不完美的动作进行改进。这样能达到巩固和改进罚球技术的目的，对稳定情绪和集中注意力也起到良好的作用。在正式比赛中，运动员罚球之前，就可以通过对投篮技术动作要领的回忆，在大脑皮质中留下整个投篮动作的"痕迹"，然后在罚球时再将这些"痕迹"激活，就可更准确、更协调地完成罚球动作。

意念训练时的要求是：第一，在进行冥想过程中，要使球员的注意力高度集中，可在安静舒适的地方坐下或躺着，让球员闭目练习。第二，要有意识地发展球员的思维能力，并将投篮动作各个环节的发力感觉和顺序与之结合起来。

6. 比赛模拟训练

比赛模拟训练是以接近实战条件对运动员进行旨在提高临场应激能力的心理训练方法。这种方法可以强化意识，提高作战能力，增强自信心。其目的是使练习者在今后的实战中能够适应环境，提高对外界不良刺激的抗干扰能力，有利于将注意力集中在实战过程中。由于我们不可能每天都有正规比赛，而关键的比赛就更少了，所以教练在训练时可以采用模拟训练，让教练有意识地组织训练比赛，从而让球员更多地体会比赛时的紧张情绪。

例如，把球队分成两队进行比赛，本次比赛决定两队的出线权，而比赛只有 3 分钟，两队的全队累计犯规已达五次，比分为 54：55。在这样的情境下，什么事情都有可能发生在每一位球员身上，而罚球得分的机会也相应增多，这时就考验每一位球员的心理承受能力。类似这样的情境训练，有计划地为球员设置针对性的比赛条件，使他们在比赛中既有一定的紧张度，又能自我控制其程度。这样有助于增强球员的个人心理素质和对压力的承受能力。

第四节　防守的心理训练

一、篮球防守的心理训练方法

很多教练员认为，心理训练方法比较复杂，不知道如何进行心理训练。事实上，心理训练不是单独进行的，它体现在训练的每个环节中，脱离体能、技术和战术训练的心理训练就不会有理想的效果。下面结合体能、技术和战术，对心理训练进行阐述。

（一）结合体能的心理训练

随着篮球运动水平的不断提高，篮球比赛的防守对抗越来越激烈，对运动员的体能要求也越来越高，体能训练也受到高度重视。而在体能训练过程中，增加体能不是唯一的目的。体能训练就是要通过系统地增加负荷或难度提高运动员的身体能力，这与培养意志品质的方法特点相同。也就是在训练负荷达到一定程度时，就是意志品质训练。通过加大困难、克服困难、战胜困难来培养运动员的意志品质，在所有的训练手段和方法中也是最具有决定性意义的。但体能训练又不能变得枯燥和乏味，要制定明确的、个性化的体能发展总目标、阶段目标。每次训练的具体目标是体能训练能否取得良好效果的保证，也是运动员学习目标设置的过程。当运动员在此过程中主观感受到战胜困难的喜悦，就会增加信心、情绪饱满。

现代篮球运动具有更加快速的攻守转换和更加激烈的对抗特点，这对运动员的体能提出了越来越高的要求，因此，体能训练在世界范围内都受到了高度重视。通过系统地增加负荷或难度提高运动员的身体能力是体能训练的主要方式之一，培养意志品质的方法特点和这个特点相似。通过增加困难、认识困难、勇于面对困难、克服困难、战胜困难等一系列的过程来培养运动员的意志品质，是最有效的手段和方法。

在日常训练中，有目的地提高练习难度，包括人为设置的障碍、环境条件、消极情绪、疲劳状态等，并且要求运动员在有限的条件下经过努力克服困难，并且顺利地完成任务。感受到战胜困难的喜悦是运动员最大的收获，这时，运动员就会情绪饱满、增加信心，个人的心理素质也得到了一定的锻炼。

（二）结合技术的心理训练

篮球防守是技术性要求很高的运动项目，技术训练是任何时候都不可缺少的训练内容。技术的心理训练关键在于对技术和心理训练的深刻理解，理解技术本身对心理素质有何要求，理解心理素质如何对技术发挥作用。例如，篮球滑步防守是一项基本技术，它对运动员的专项运动要求很高。

篮球对技术性的要求很高，只有通过长期、不间断的训练才能获得高度发展的专项知觉，保证技术稳定提高的有效方法就是进行目标设置训练。技术训练的过程是一个将长期目标分解的过程，通过将长期目标分解为可实现的、短期的、具体的目标，而后经过一系列的努力实现这个终极目标。不仅如此，技术训练过程也是提高运动员个人表象能力和思维能力的过程。在运动心理学中较为成熟的心理训练方法是关于目标设置训练以及表象训练等具体方法，但是对方法本身的模仿和套用不是应用的关键所在，在对专项技术发展规律充分把握的基础上做出创新性的应用才是最主要的。更重要的是，要充分发挥运动员的主观能动性，让运动员自己学会心理训练的方法，这样在运动员的日常训练中就更方便将心理训练运用到技术训练中来。

心理训练同技术训练一样，需要结合个人的特点进行因材施教，这样就需要培养队员在认清自己位置的前提下，根据对方攻守的特点和本队整体战术的需要以及临场千变万化的战局，有针对性地运用合理技术，这样的要求强调了运动员思维的敏捷性、预见性、灵活性以及创造性。在训练过程中，战术行动的共同原则必须得到重点强调，战例的集体讨论和分析必须多进行，集体行动目标也必须经过有目的的设置，这样就能使队员之间更加了解，这是一个增强团队凝聚力的有效手段，也是集体思维训练的重要组成部分。

（三）结合战术的心理训练

在篮球防守战术训练中进行心理训练，旨在让队员在掌握篮球防守战术的同时，通过心理训练，使身体运动与大脑思维有机结合，以达到强化战术思维、提高战术水平之目的。在训练过程中，一是要强调集体思维的训练，集体思维训练结合全队和局部战术配合训练进行，主要培养运动员对全队战术目标的理解和队员间同步思维的能力；二是要强调战术行动的共同原则，多进行战例的集体分析和讨论，设立集体行动目标，增强队员间的相互了解是集体思维训练的重要组成部分，也是增强集体凝聚力的有效手段。

（四）针对性心理训练

针对性的心理训练主要包括以下几方面。

1. 渐进性放松法

放松性训练，是用特定的方式（表象、音乐、暗示语等）调节呼吸，集中精神，充分放松肌肉，从而达到调节中枢神经系统的目的，进而缓解紧张的情绪，这是一种通过大脑对全身控制的训练方法。

主要特点是能迅速使肌肉完全放松。动作过程是先拉紧每组肌肉 5~7 秒钟，再放松 20~30 秒钟，要体验紧张与放松间的对立感觉：（1）坐或躺，感觉自己很舒服，在深吸一口气并呼出的同时，慢慢闭上眼睛然后开始放松；（2）注意力集中在双脚上面，拉紧脚上肌肉，弯曲脚趾，并起双脚，注意此肌肉的张力感，然后放松，并体会松与紧的差别；（3）紧收双腿与臀部所有肌肉，然后完全放松，缓慢而深沉地做一次呼吸，使自己感觉到已经进入非常松弛的状态；（4）紧缩腹部与胸膛，停住片刻，然后放松；（5）紧握双拳，拉紧肱二头肌与前臂，将双臂从卧姿或坐姿的平面上略微提高，略停片刻，然后放松；（6）同时扣紧全身肌肉，停住片刻体会其紧张感，然后放松，待完全放松后，呼吸平稳，休息 1~2 分钟。

2. 呼吸放松法

（1）深呼吸法：缓慢持续吸气，停 1~2 秒再缓慢呼出；（2）腹式呼吸法：吸气时鼓胀腹部，默数 10 秒再吐气；（3）内视呼吸法：运用慢而长的呼吸（腹式）加想象成分，想象一个小红气泡，经气管—肺—腹—大腿，每次做 5~10 分钟。

3. 认知调节式训练

这种训练包含两种含义，分别是暗示训练和合理情绪训练。认知调节式训练，目的是要提高运动员对不同变化的评价以及认识问题、解决问题和处理问题的能力。这个训练一旦成功，运动员的心理素质将会得到极大的提高。

4. 系统脱敏训练

这是一种心理治疗方法，一般是在运动员的心理出现了一定的问题后才会使用的方法，它适用于特殊领域的焦虑和恐惧症。在篮球运动中，还可以用于调节赛前紧张多虑等情绪问题。

二、心理训练在篮球防守中的运用

（一）赛前、赛中的防守心理训练

1. 赛前的防守心理训练

一般情况下，如果身体、技术和战术准备充分，知己知彼，认识统一，运动员在赛前的体力、技术和战术等方面不会有太大的变化，可能变化的是以情绪变化为主的不同心理状态。而造成赛前不同心理状态的原因主要有对竞赛重要性的认识问题和对成功的渴望与失败的恐惧。它主要包括：（1）最佳竞技状态。这是理想的赛前积极应战的心理状态，主要表现为对竞赛跃跃欲试，斗志昂扬，注意力集中和有适度的兴奋性等。（2）赛前的焦虑状态。具体表现为在赛前一段时间生理反应失调，吃不下饭，睡不着觉，身出虚汗，四肢发凉等。（3）赛前抑郁状态。这是一种"比赛淡漠心理状态"，表现为对竞赛态度消极，没有欲望，打不起精神，对自己的运动能力产生怀疑等。（4）虚假自信状态。这种状态表现于口硬心虚，虚假自信心，实质是认识的片面性和心理上的一种恐惧症的反映。

对此，教练员要善于引导教育，端正比赛态度，摆正位置，有针对性地进行心理调节。经常对球员做思想教育工作，不论什么样的比赛都要树立正确的思想作风，要有足够的信心、充分的思想准备和良好的竞技状态，要使球员明确比赛的任务和目的，激发他们积极参加比赛的强烈愿望，能够最大限度地动员自己，自觉克服困难，不断提高训练和比赛的能力，使运动员能够正确对待每一次比赛。赛前要广泛收集对手的情况，竞赛的地点、时间、场地器材等情况，对对手进行正确的估量，知己知彼，做好赛前的心理准备。

2. 赛中的防守心理训练

在篮球比赛中，必须要求运动员有不断完善运动技术的愿望，对比赛中发生的情况能找出有效的解决办法。篮球比赛的活动处于不断变化的动态中，要敏锐地观察判断情况，果断做出决定与对手抗衡，这时理性和情感占首要地位，也决定了专项心理训练的内容。意志品质对篮球运动员来讲尤其重要，意志是意识中的一个积极方面，它与理智和情感相统一，在困难的情况下调节人们的行为和活动。运动员主要的意志品质包括坚定的目的性、主动性、自制性、坚毅性等，这些品质很难进行直接评价，在各个竞技项目中的作用也是难以区分的。特别是高水平运动员对智力水平发展的要求很高，要使他们意识到自己在比赛中的地位和取得运动成绩的社会价值，从而更好地创造性地对待训练任务。

赛场情况千变万化，球员的心理状态也随比赛性质、任务和战局的变化而不断地变化。一个职业化篮球俱乐部球队的整体训练水平固然是比赛中取得优势的基础，但其良好的心理训练状态则是临场技战术水平正常发挥的重要保障。在篮球比赛中，强弱的转化往往是以某些心理因素干扰作为突破口的，强队败给弱队常是由于心理上的准备不足而形成的。因此，教练员要善于在赛前与赛中做好思想上、心理上的调整工作，克服各种非正常情绪，对与比赛有关的情况要充分估计，仔细观察，认真考虑，冷静对待。既要鼓励运动员轻装上阵，放下包袱迎接比赛，又要估计比赛中可能遇到的情况，及时采取措施，增强运动员的信心，全力以赴投入到比赛中去。

在比赛中，球员经常会受种种环境条件的影响而导致心理活动发生异常变化。例如，比分处于落后或比分接近的情况下执行罚球，临场比赛气氛的变化、对手的情况和观众的情绪等，都可能给球员的心理活动带来一定的影响，这就需要球员掌握心理调节的方法。例如，让临场紧张的球员或年轻的新队员先看一段比赛，教练员从旁启示，分析场上情况，同时交代上场后的任务，做好心理准备再让他们上场比赛，若不能正常发挥，再替换下来，继续观察比赛，使之更加明白自己应该怎样进行比赛，再上场参加比赛。即使比赛经验丰富的队员，有时也会因观众情绪或临场气氛的变化而产生异常心理。常采用的措施是替换下来，让他观察比赛，冷静头脑，待心理适应后再上场参赛。

球员如果临场感到紧张、怯弱或者因对手强大而感到害怕时，应该让球员把自己的注意力指向以前某次成功的比赛，想一想自己在获得成功时技战术发挥得得心应手的情况。对于性格急躁、求胜心切的球员，适当要求他们在比赛中时刻暗示自己要大胆、果断、不畏强手、敢打敢拼，教练也应多予鼓励，切不可在场外乱喊大叫。

（二）心理训练在篮球防守中运用需注意的问题

人们对篮球比赛制胜规律的认识在不断加深。从开始注重身体，发展到注重技术、战术的训练。到今天，人们开始认识到，在高水平的对抗过程中，参赛运动员之间在身体素质和技术水平的差距甚小，竞赛的胜负往往取决于他们的心理优势。心理水平的发挥是竞赛取胜的重要因素，中国运动员在国际大赛中由于心理训练水平较低而吃亏的情况屡见不鲜。

1. 在理论认识上重视防守心理训练的作用

篮球防守心理训练的理论误区表现为对心理训练的狭隘理解，有些甚至是错误的理解。尽管大多数教练员和运动员自己也承认，心理因素对竞赛结果起着重要作用，但他们对心理训练的认识仍处在感性阶段。一些教练员和运动员认为，心理因素是一种与生俱来的能力，我们不能改变它们，通过一段时间会自然而然地提高。殊不知正是这种忽视，导致运动员在高水平的激烈竞赛中表现出心理障碍、心理失常等，这些都是未进行或未重视心理训练所留下的隐患。还有一些教练员认为，自己的队员没有心理问题，因此不需要进行心理训练。而一旦队员表现不好，就武断地归因于运动员的"心理素质差"。时间一长，本来没有心理问题的运动员也因此产生心理障碍。因此，我们应该在理论上重视防守的心理训练，以心理促生理（体、技、战），更有效地发挥训练效果。

2. 在实际训练工作中加强防守的心理训练

也有一些教练员采用过一些方法，对运动员进行防守心理训练，并取得了一些效果。但多数教练员还只是根据自己的经验组织心理训练，表现为缺乏系统性。还有些教练员在心理训练方面做了一点努力就想获得好的效果，或尝试了几次心理训练课就放弃了，因为没有收到立竿见影的效果，他们就开始怀疑心理训练的作用。殊不知，心理能力的形成也有其自身的规律，良好的心理技能绝不是一蹴而就的，需要长期的、系统的心理训练才能形成。另一个理论误区是，把心理训练独立于身体和技战术训练之外。由于缺乏足够的理论指导，有些教练员机械地安排单独的时间对运动员进行防守心理训练，虽然体现了对防守心理训练的重视，但是训练的效果不佳。事实上，心理训练与体能及技战术训练是相互依存、相互促进的，心理训练必须结合体能训练、技术训练和战术训练进行，不能将它们割裂开来，应全面发展运动员的技术水平。

参考文献

[1] 刘孟波. 新时期高校篮球教学改革路径探析 [J]. 冰雪体育创新研究，2022(16)：118–121.

[2] 郑亮. 多元视域下高校篮球教学改革策略研究 [J]. 当代体育科技，2022，12(23)：85–88.

[3] 孙超. 多元化教学方法在高校体育篮球教学中的应用探究 [J]. 冰雪体育创新研究，2022(15)：141–144.

[4] 陶然，王府. 论体育游戏在高校篮球教学中的运用 [J]. 当代体育科技，2022，12(13)：101–105.

[5] 庞选护. 启发式教学法在高校篮球教学中的应用探索 [J]. 冰雪体育创新研究，2022(8)：131–133.

[6] 江勇. 高校篮球教学与训练中学生战术意识的培养 [J]. 新体育，2021(18)：42–44.

[7] 黎振华. 高校篮球教学与训练的新方法探讨 [J]. 文体用品与科技，2021(18)：9–10.

[8] 李静，陈硕. 多元化背景下高校现代篮球教学的实施策略与价值——评《篮球教学与训练》[J]. 热带作物学报，2021，42(6)：1832.

[9] 许庆兵. 高校篮球攻防技术教学与训练研究 [J]. 当代体育科技，2021，11(18)：139–141.

[10] 胡大伟 . 高校篮球教学与训练方法探究 [J]. 体育视野，2021(12)：79–80.

[11] 孙远航 . 高校篮球教学中训练新方法及体能训练策略初探 [J]. 冰雪体育创新研究，2021(2)：34–35.

[12] 王世清 . 高中体育教学中篮球体能训练策略 [J]. 智力，2020(34)：21–22.

[13] 李明国 . 高校篮球教学与训练的问题与改进策略 [J]. 体育视野，2020(11)：45–46.

[14] 爱德华·萨丕尔 . 语言论 [M]. 北京：商务印书馆，1985.

[15] 于涛 . 体育哲学研究 [M]. 北京：北京体育大学出版社，2009.

[16] 董文秀 . 体育英语 [M]. 北京：人民体育出版社，2009.

[17] 伊恩 . 罗伯逊 . 社会学：下 [M]. 北京：商务印书馆，1991：719.

[18] 汪寿松 . 论城市文化与城市文化建设 [J]. 南方论丛，2006（3）：101.

[19]R.E. 帕克 . 城市社会学 [M]. 北京：华夏出版社，1987：41，154.

[20] 乔尔 . 科特金 . 全球城市史 [M]. 北京：社会科学文献出版社，2006：3.

[21] 卢元镇 . 体育社会学 [M]. 北京：高等教育出版社，2001：211.

[22] 乔治 . 维加雷洛 . 从古老的游戏到体育表演 [M]. 北京：中国人民大学出版社，2007：107.

[23] 王祥荣 . 生态与环境：生态可持续发展与生态环境调控新论 [M]. 南京：东南大学出版社，2000：55.

[24] 郑杭生 . 体育学概论新编 [M]. 北京：中国人民大学出版社，1987：345.

[25] 周爱光 . 体育本质的逻辑学思考 [J]. 武汉体育学院学报，1999（2）：19–21.